き合ったとき、また責任ある地位についたとき、周囲の連中に仲間と認められるのか、この人に嫌われないだろうか、仕事ができるだろうかと、不安だらけだったことを思い出すにちがいない。

いまでこそ、過去のことは忘却の彼方に消えているから、人生の勝者みたいな、いっぱしの顔をしているが、わたしたちは人生のそれぞれの段階で、どう振舞ったらいいのか、なんにもわからない初心者だったのである。

わたしは定年退職した翌日のことをよく覚えている。

もう朝早く起きることも、満員電車で通勤することもない、好きなときに起きて、好きにすればいいという、まるでパラダイスのような日を迎えたはずなのに、さて今日一日なにをするかなあ、と戸惑ったのである。

たしかに楽ではあった。だがウキウキの気分は全然なかった。

好きなときに起きて、というが、べつに好きなときなどないし、好きなことをして、というのも、べつに好きなことなど、あるわけがないのである。

無敵の老後

勢古浩爾
Koji Seko

大和書房

はじめに

老人の多くは、この世の荒波をこの歳まで（おおむね七十歳から七十五歳）軽く乗り切って生きてきたぜ、という自信からか、たいてい自分をひとかどの人間と思い込んでいるフシがある。

けれどそれは、はるか昔のことを忘れているからである。幼児のときからの自分の人生を思い起こしてみれば、そういえば不安だらけの人生だったな、ということに思い至ることであろう。

幼稚園に、また小中高に入ったとき、周りは見知らぬ他人ばかりで、心細く、一抹の不安に襲われたのではなかったか。覚えてませんか。

はじめて会社に入ったとき（あるいは仕事についたとき）、はじめて異性と付ただ口の調子で「好きなこと」といっているだけである。それで目の前に広がっていたのは、めりはりのない、ただのだらっとした時間だったのである。

わたしが戸惑ったのは、わたしがあきらかに定年退職初心者だったからである。どう時間を使い、どう自分を扱えばいいのか、わからなかったのだ。で、一週間ほど、自転車で市内を回ったり、喫茶店を探したり、はじめて行く公園で休憩したり、川べりの草むらで寝っ転がったりしていた。

人は幼児のときから、つねに初心者である自分を、そのつど自分なりに、中級者や、できれば上級者に育ててきたのである。自転車を覚えたり、泳ぐことを覚えるには、だれかに教わる。

技量の段階は、柔道では緑、茶、黒と帯の色でわけられ、水泳ではキャップの色でわけられる。技量が上達するには練習をすればいいのだ。

わたしたちはそれぞれの段階で、自分で自分を教育してきた。同時に、そのことが人間としての成長をも意味した。わたしたちは人間として初心者だった自分を、自分で育て上げるしかなかったのである。

人間の成長度を測る試験はない。基準もない。他人の評価をまつしかないが、これはけっこういいかげんである。それゆえ自己評価するしかないが、これまた世のつねで、大甘である。

現代は厳しい自己教育をしなくても生きていくことができる時代である。昔と比べて、成熟する必要がなくなっているからだ。だから、いまだに初心者のままのような年寄りがいる。


そこで、本書のタイトルの「無敵の老後」だが、もちろんこれは「無敵の老人」という意味ではない。そんな老人、いるわけがないのである。

無敵とは、シワシワ、タルンタルンの体をムキムキに鍛え上げ（こういう老人はいる）、無神経なほど硬直したメンタルを作りあげて、どうよおれ、と威張ることではない。じゃあ最強の権力である金なら腐るほどもってるぞ、ということでもない。

「無敵の老後」とは、ごくふつうのじいさんが、どのように生きれば平穏な老後期を過ごすことができるか、の問題である。心の持ちかただ。

わたしは以前、『自分がおじいさんになるということ』（草思社、二〇二一）という本のなかで、「生きているだけで楽しい」という実感を持つに至ったと書いた。

そしてこの実感がもし「腹の底から納得できるのなら」、それは老後の生活や人生にとって「怖いものなし、最強不動のベース」になるのではないかと書いたのである。

この「最強」というのは言葉の綾である。本書はそれを、商売っ気の誇張もあって、「無敵」といいかえたのだが、これもまた言葉の綾である。

しかしもし人が「生きているだけで楽しい」と心から実感できるなら、つまらぬ考えから自由になれることはたしかである。

老後はなにをしたらいいかとか、どのように過ごしたらいいかとか、まして

「人生一〇〇年時代」といわれている現在、後半の人生をどうしたら楽しくすごすことができるか、といった余計なことを、考えなくていいのである。

めんどうくさいなあ、〝ただ生きる〟だけでいいんだよ、で終わりである。

仏教では、人間が生きる苦しみは生老病死だといわれる。老人にとってもおなじだ。さらにいえば、人間（世間）であり、お金である。

苦しみ（敵）に対する対処のしかたは、敵を無にする、敵を受け入れる、敵と見なさない、敵を気にしない、のおよそ四つである。

生老病死の「生」は、老人にとっては〝ただ生きる〟だけなので、もはや敵ではない。敵ではなくなるのだ。

「老」は、老人にとってはまさに渦中の問題で、なかには老いに抵抗をする人もいようが、これは自然の摂理である。最終的には受け入れるしかない。

「病」は避けたいものである。罹患しないように気をつけ、病にかかっても、治せるものなら治したいものだ。敵視してもしようがない。

「死」もまた自然である。敵対しても絶対に克てない。なるようになる、と思い定めるしかない。

一番厄介なのが「人間（世間）」だ。敵といえばもっとも敵らしい敵で、とくに理不尽なことや自分の好悪と対立するものに対しては、苛立ちや不快感を抑えることができない。

けれどいちいちその感情を出していては身が持たない。心のなかで舌打ちをし、蹴とばせばいい。そしてできることなら、一方的に関係を絶つことだ。

「お金」に対しては、わたしは欲しいものがない。もともと物欲が少ないほうだ。生活するお金は必要だが、お金そのものへの欲はない。

すると、敵ではなくなる。欲が抜けると、敵がいなくなる。

「無敵」とは「敵」（苦）に打ち克つことではない。

「敵」を「無くする」ことである。

無敵の老後　目次

第2章

生きてるだけで愉しけりゃ、無敵だ

第3章

世間なんか捨ててしまえば、無敵だ

第4章

歳をとっても腹は立つ

第5章 老後で「やめた」老後で「見つけた」

第6章 敵を無くしてしまえば、無敵だ

第1章

八十歳まで生きりゃ、とりあえず無敵だ

第一の敵は生老病死

いまではほとんどいわれなくなったが、かつて「男子家を出ずれば七人の敵あり」という警句があった。男が社会に出れば、多くの敵があり、いろいろと難儀が待ち構えている、ということをいったものである。

「七人の敵」とはたとえば、暴力的なやつ、やたらに威張りたがるやつ、他人を利用するだけの利己的なやつ……などなどの具体的な「七人」の敵が想定されているわけではなく、ただ単純に「多い」という意味であるらしい。

しかしそんなことをいえば、「男子」よりも「女子」のほうが社会にはもっと多くの敵がいると思うのだが、このことわざは、まだ「女子」が社会進出をする時代以前に作られたものなのだろう。

タイトルを「無敵の老後」と豪語する本書にとって、老後の「敵」とはだれのことか。

「渡る世間は鬼ばかり」（本来は「渡る世間に鬼はなし」だが、いまではこっちのほうが通りがいい）とか「生き馬の目を抜く」とか「正直者が馬鹿を見る」といわれる。

社会のなかでひとりの人間が生きていくことの厳しさは、男とか女とか若いとか老いとかに関係がなさそうである。

それになにより仏教では、人間の苦を、すなわち人間の敵を「生老病死」だといっている。しかしその一番に「生」とあるからには、もう全部ではないか。「敵」だらけ「苦」だらけである。これはどうにもならん。

たしかに七十五年もこの世に生きてきた身（わたし）にしてみれば、さいわい大きな病にもならず、大きな事故・事件や災害には遭わなかったものの、あまり楽ではなかったなという気がする。

それでも色川武大《いろかわたけひろ》流に楽か苦の勝ち負けでいえば、八勝七敗で、わずかひとつだけだが勝ち越した人生だったとはいえるだろう。

もっと大変な目に遭った人は無数にいる。それに生きていること自体が苦であるといってしまえば、そこで終わりだ。

生きていくことの厳しさは、基本的に老若男女に関係がないだろうが、一人ひとりの境遇によって、様々のちがいがあるだろう。そしてまた老年期には老年期の課題があるにちがいない。

「生老病死」の「老」は、まさしくその渦中にある老人が当面している問題である。「老い」の切実さは、壮年以前の人には想像できないだろう。二十代、三十代の人にしてみれば、「老い」は気分としてはまだ百年も千年も先の話だろう。

だが当の老人にとっても、じつは「老い」の問題は微妙なのだ。

というのも身体容貌的な「老い」（確実）と精神的な「老い」（曖昧）がアンバランスだからである。つまり「老い」の苦や悩みは身体的には切実だが、それに反して精神的にはまだ「老い」に直面していないのである。

現代の老人は図々しい

つまりこういうことだ。

現在、すくなくとも七十五歳以下の高齢者で、自分をジジイだと思っている老人は存在しない。自虐的にジジイと自称することはあっても、本心ではない。だから他人が不用意にジジイと呼んではいけない。

ちょっとかれらの恰好を見てみて。

野球帽をかぶり（と書くと以前は、正確には「キャップ」だね、と訂正されたものだが、いいじゃないか野球帽で。ふだん「キャップ」なんかいうか？）、フード付きパーカーやジャケットを着て、リュックを背負い、ジーパンを穿き、靴はスニーカー。そんな恰好でドロップハンドルの自転車に乗っている。

野球帽の代わりにニット帽をかぶっているものもいる（火野正平みたいに布の

ワッチ帽を好むものもいれば、吉田類のようなハンチング派もいる）。その他、上着やズボンや靴にはバリエーションがいろいろとある。

いずれにせよ、こんな悪あがきじいさん、昔はだれひとり、いやしなかったのだ。ところがいまや、うじゃうじゃいる。いやだねえ。いるどころか、それは恥ずかしながらわたしの姿だ。団塊ジジイのひとつの成れの果てである。

街中でときどき流線形の高級車を見かける（車に疎いからこういう表現になる）。若者が乗ってるのかと思うと、きまって白髪のあご鬚を蓄えたじいさんである。本人はちょいワルおやじのつもりらしい。

つまり、老人（七十五以下ね）はだれひとり（というのはいいすぎ）、自分をジジイだとは思っていないのだ。というよりだれよりもわたし自身が、自分をジジイだとは思っていないのである。

社会的にジジイであることはわかっているが、本心ではジジイだとは思っていない。これが現代のじいさんが直面している傲慢と悲惨である。

ボーヴォワールは、女は女に生まれるのではない、女になるのだ、といった。その伝でいけば、ほんとはちょっとちがうのだが（「女」と「老人」では性質がちがう）、年寄りもそれぞれに思い描く年寄りになるのだ。

赤ん坊が生まれたからといって、その瞬間に妻や夫が母や父になるのではない、というのとおなじである。これも母や父になるのだ。その前に、結婚したからといって、その瞬間に妻と夫になるわけではない。妻と夫になっていくのだ。

妻や夫、母や父になり切れない女と男が多いが、それと同様に、じいさんにもばあさんにもなりきれない男や女も多い。

老人とはだれのことか

そのボーヴォワールに『老い』という著作がある。図書館で借りようとしたが、上下あって、それぞれ三二二頁、三八〇頁あり、しかも二段組。またよく書いたね、と思うが、とても読めそうにないし、読む気がしない。読もうとしても結局挫折、というようにもう結果がわかっているから。

以前、ボーヴォワールのパートナーであるサルトルの『存在と無』全三巻を読もうとしたことがあり、二回ほど挑んでみたが、えらい目に遭った。二回ともわずか数頁で終わった。冗談じゃないのである。

NHKの「100分de名著」のテキストに、ボーヴォワールの『老い』があるのを知った（二〇二一年七月号）。解説は上野千鶴子氏である。われわれにとっては、原書のエキスと同時に、上野氏の解説と見解を知ることができるので、もうこれで十分である。

上野氏のまとめによると、ボーヴォワールが描くのは、「老いとは他者の経験であり、自分の老いはなかなか認められない」ということだ。おお、わたしは当たってた。さらに老いは「老いても性欲は持ち続けるが社会からは嫌悪される」というように、「圧倒的にネガティブな老いの側面」が強調されているという。

では「わたしたちはどうすれば豊かな老いを生きることができるか」と上野氏は問う。ボーヴォワールの『老い』にその答えはないが、それは彼女が、老いを「個人」の問題ではなく、「文明が引き受けるべき課題」だと考えているからだ、ということである。

けれどもここ、現在の日本では、老人問題は圧倒的にポジティブな側面ばかりが語られている。なかには老人に媚びて、老年は人生で一番楽しい時期だ、というようなことをいう人もいる。ばかいってんじゃないと思う。

そういうことをいえば、「どうすれば豊かな老いを生きることができるか」という上野氏の設問じたいも、そもそも浮わついているのだ。

老人とは、身体容貌の衰えと、世間の認定によって、老人であることを納得してない自分の精神が、押し流されてしまう人間のことである。

ボーヴォワールがいうように、「老い」の問題を「文明」に引き受けてもらってもかまわないが、どうせろくな話にはなるまい。だれも本気になれないからだ。

わたしにとっては「老い」はあくまでもわたし自身の問題である。「老人」とはわたしのことである。だれにとってもそうだろう。

いい生活の根底はやはり健康だ

「生老病死」で、生活にとって一番大事なのはやはり「病」の問題だ。逆からいうと、生きるにもなにをするにも、健康が最重要だということである。人が願うのは、やはり家族の健康と幸せが一番であろう。商売繁盛、金運向上、合格、必勝、良縁祈願もあるだろうが、それも健康あってこそである。こんなこと、だれもがわかっている。

健康の問題がないがしろにされやすいのは、健康な状態がまさにふつうのことだから、健康が損なわれてからでないと、その重要さに気づかないということだろう。こんなこともみんなわかっている。

だから病が治ると（たかだかトゲがとれたり、歯痛が消えたり、吐き気がなくなったりするだけでも）、やっぱり健康が一番だなあ、金も名誉もいらないよ、と心から思ったりするのである。

ところが、ここが人間の浅はかなところだが、健康になるとその状態がまたあたりまえになり、すぐに健康のありがたさを忘れてしまうのだ。

しかしこれはしかたがない。四六時中、健康のありがたさに感謝、なんてこと、できるわけがないのである。

わたしの生活の根本は、健康にある。しかしそれだけでは不十分だ。

現代の生活を健康に過ごすためには、水・電気・ガソリンが不可欠である。社会の基本インフラは、個人にとってのライフラインでもあるのだ。

そして普段わたしたちはこれらを意識することはない。料金が上がることはあっても、ライフラインそのものはなくならないと思っている。

ときどき台風で断水になったり停電になったりする。途端に、トイレ、風呂、洗濯に困る。ランタンや蝋燭の生活だ。復旧まで二週間も三週間もかかったりする。そのとき、はじめてありがたさがわかるのだ。

ライフラインはそういう意味では、健康な社会生活を維持する基盤である。携帯電話が充電できなくなるだけで、現代人はパニックになるのではないか。

ただし人間にとっての健康は、当人の心がけ次第で多少管理できるが、社会にとっての健康は、個人ではどうしようもない。耐えるしかないのである。

脳梗塞になってわかったこと

脳梗塞は、脳の血管が詰まって起こる病気である。一説によると年間約二〇万人が発症し、約六万人が亡くなっているとされる。すなわち一〇人に三人が死ぬ、という怖い病気であり、死なないまでも、半数の人間に、半身不随とか言語障害とか、大小の後遺症が残るとされる。

いまから四年半前の二〇一八年十月、わたしはいきなり脳梗塞に襲われた（もう、知ってるよ、いつまで自慢話みたいに書いてるんだ、という方も一部おられようが、大半の知らない方のためです。ご寛恕を）。

脳梗塞の前兆として、事前にめまいがする、半身が痺れる、言葉が出なかったりもつれたりする、手に持ったものを落としてしまう、などが挙げられるが、わたしの場合、まったくなにもなかったのである。

前兆がなにもなくても、脳梗塞にはなるのだ。これは憶えておいてください。その場合防ぎようがないことになる。運まかせである。

わたしの場合、脳のなかで血管が詰まった部分は放線冠という極小部分らしい。幸い大きな後遺症はなかった。

脳梗塞は発症してから四時間以内に治療すればだいたいは大丈夫とされている。アルテプラーゼ（t-PA）という脳血栓溶解剤が効くのが、発症後四時間（四時間半とも）までといわれているからである。

わたしは夕方四時頃外出先から帰り、服を着替えているときにいきなり倒れたのだが、すぐ回復したのでまさか脳梗塞だとは思わなかった。

その後、二度ほど腕の脱力などが起こり、救急車を呼んだのが発症から九時間後の午前一時頃。遅まきながらも、それがまだよかったのだろう。なんとか事なきを得た。

今後もしあなたが、おなじように突然、半身が無力になり、糸の切れた操り人形みたいに倒れたら、素人判断はせずに問答無用、すぐ救急車を呼んだほうがいい。タクシーや自家用車は使わないことだ。緊急とみなされず、一般診療に回されて待たされるかもしれないから。

わたしは四時間を過ぎていたのに、大事に至らなかったのは幸運としか思えない。ただ病後四年半経つが、いまだに小さな違和感を覚えることが多い。以前はまったくなんの問題もなかったことが、こんなにむつかしいことかと感じることがあるのだ。

ひとつは、真っすぐ歩くことである。歩くとき微妙に斜行するのだ。こんなことがあるとは思わなかった。みなさんは、真っすぐ歩くことなど意識したこともないはずだ。ところが、これがふらつくのだ。

相撲の蹲踞《そんきょ》の型がとれない。安定せず、ふらふらするのである。これにもびっくりした。ズボンを脱いだり穿いたりするとき、これもふらつく。バランス感覚に狂いが生じているとしか思えないのだ。罹患以前はこんなことまったく意識することがなかった。

ところが自転車は乗れるのである。しかし片側が側溝になった細い道みたいなところは、もう自信がない。狭いところのコーナリングも下手になった。自分が思い描いてるライン通りに走れないことがある。微妙に逸れるのだ。

立ち漕ぎが不安になった。若い子を見ていると、自然に立ち上がって、自転車を左右に振りながら軽やかに走っている。以前はおれもああいうふうだったのだと思うが、いまは意識しないとできない。それも漕げるのは二、三回だ。立たなきゃいいんだが、できないというのが気にいらないのだ。

これらの不如意を、わたしは脳梗塞の小さな後遺症と思っている。が、もしかしたら、高齢になっての筋肉の減少か体幹の失調かもしれない。腕立て伏せも懸垂も信じられないくらいできなくなっているのだ。まあこれは自業自得である。

この病に罹患した有名人は、長嶋茂雄、西城秀樹、加山雄三、三遊亭円楽、本郷功次郎、田中角栄、イビチャ・オシム、石原慎太郎と男ばかりが思い出される。知る人ぞ知る、多田富雄（免疫学者）という人もそうだった。

しかしわたしが通院している脳外科病院では、圧倒的に女性患者が多い印象がある。たぶん統計が出ているのだろうが、わたしの印象では女性8に男性2の印象だ。

八十歳まで生きられれば、まあ人生は十分か？

「生老病死」の「死」をどう考えるか。

「死」を敵と捉えるのも無意味である。人類史上、だれひとり死に克ったものはいないし、これからも克てるものはいない。

そこで日本人はいんちきくさい考えを編み出した。「大往生」という考えである。九十歳か百歳ぐらいまで生きられれば、それを「大往生」と見なして死と引き分けぐらいだな、と納得したのだ。つまり死んだ本人にとっても、また死を見送る人にとっても、納得できる死、というわけだ。

戯れに、わたしは何歳まで生きられれば十分（満足）だと思えるか、考えてみた。なんとなく八十歳まで生きられればいいかな、と思った。

わたしは現在七十五歳。まだあと五年ある。いや、あと五年あるじゃなくて、あと五年あるように、八十歳と設定したのだ。

けっこういい加減である。あと二年は短い、あっという間だ。といってあと十年とするとリアリティがない。長すぎる気もする。それで八十。戯れだから、けっこう適当である。

人は、九十歳くらいで死んだ人には、その年まで生きたのであればまあ十分だろうという意味で、「大往生だね」という。しかし死んだ当人にしてみれば、満足しなかったかもしれない。もっと生きたかったんだよ、と。

テレビで、八十歳を超えた寝たきりの老人が病院を移り、看護する人が「おじいちゃん、もし自発呼吸ができなくなった場合、機械による延命を希望しますか？」と訊く場面を見たことがある。

わたしはてっきり、そのときはもういい、というだろうと予想していたら、かれは小さい声で「もっと生きたい」といったのである。

わたしはびっくりした。だれもがそんな状態になれば、当然こう考えるだろう、と思うことでも、まったくそうではないという人がいることを知っておどろいたのである。わたしの考えはほんとうに、わたしだけの考えなのだ。

だから、八十歳まで生きられれば十分かな、という思いもまったくいい加減である。七十八、九になれば、「ちょっと待って。やっぱり八十五歳まで」と延ばすにきまっているのだ。もし百年生きたとしても、それで十分とは思えないものなのだろう。

ようするに、無意味なのだ。何歳まで生きればいいか、とか、何歳まで生きたいなどということは。

だいたい章題の「八十歳まで生きりゃ、とりあえず無敵だ」というのが意味不明で、ふざけている。どういうことだ「無敵」とは。

八十まで生きればもう文句ないでしょ、といえるだろう、と思ってつけた章題なのだが、どうもすみませんでした。

長生きということには、勝ち負けの要素もあるようだ。つまり長く生きた人間は、短命の人よりも勝っている（得をしている）というように、である。

敬愛する吉本隆明も、あの人（昭和天皇）よりも前には死にたくないねえ、というようなことをいっていた（正確な言葉ではないが、このようなこと）。ああ、吉本さんもこういうことをいうのだな、と思ったことを覚えている。

これは戦中派独特の感覚なのだろうか。

日本人には、両親の歳よりも長く生きることが親孝行だ、という意識がありそうである。両親よりも子が早く死ぬことは逆縁といい、あきらかに親不孝なことだとされている。

生きる時間には、そういう意味もあるのだ。

吉田松陰の死生観

だが、人は死ぬ時期を選ぶことができない。

そして死は、自分の死よりも、親愛なる者の死のほうが圧倒的につらい。

結局、「死とはなにか」など考えても無駄だと思う。『「死」とは何か　イェール大学で23年間連続の人気講義』という大部の書物がある。茶化していうのではないが、手にとり、パラパラと開いただけで、死にたくなるような本だ。

死ぬときは死ぬ。もうこれでいい。死なないときは死なない。

死が怖かろうが、嫌だろうが、関係ない。死ぬときは死ぬ。また自分で自分のめんどうを見られなくなったら、できればこの世とおさらばしたい。

そこまで自分の意志が通るものか、わからないが、わたしは自分の死に関しては、もうこれでいいと思っている。

死に関する理屈はさまざまあるだろうが、わたしは吉田松陰の死生観がいちばんいいと思う。九十歳、百歳の長命の人は、よかったですな、と寿げばいい。それよりも短命の人の死をどう考え、どう納得できるか。

松陰は満二十九歳で処刑された(肖像画はまるで五十歳の翁だ)。その前日に、松陰は江戸・小伝馬町《こでんまちょう》牢屋敷の中で遺著「留魂録《りゅうこんろく》」を一気に書き上げた。明日斬首されるというのに、よくそんな気力があったものだ。

全十六節からなる留魂録は、「身はたとひ武蔵の野辺に朽ちぬとも留置《とどめおか》まし大和魂」という有名な辞世の句を巻頭にして始まる。そのなかの第八節は、松陰の死生観を語るものである。現代語訳を肝心な部分だけ引いてみる。

一、今日、私が死を目前にして、平安な心境でいるのは、春夏秋冬の四季の循環ということを考えたからである。

つまり農事を見ると、春に種をまき、夏に苗を植え、秋に刈りとり、冬にそれを貯蔵する。（略）

私は三十歳で生を終わろうとしている。いまだ一つも成し遂げることがなく、このまま死ぬのは、これまでの働きによって育てた穀物が花を咲かせず、実をつけなかったことに似ているから惜しむべきなのかもしれない。だが、私自身について考えれば、やはり花咲き実りを迎えたときなのである。

なぜなら、人の寿命には定まりがない。農事が四季をめぐっていとなまれるようなものではないのだ。しかしながら、人間にもそれにふさわしい春夏秋冬があるといえるだろう。十歳にして死ぬ者には、その十歳の中におのずから四季がある。二十歳にはおのずから二十歳の四季が、三十歳にはおのずから三十歳の四季が、五十、百歳にもおのずからの四季がある。

（全訳注　古川薫『吉田松陰　留魂録』講談社学術文庫、二〇〇二）

現代語訳で「四季」とあるのは、原文では「四時《しじ》」である。

参考までに最初の一行だけ原文を引くと「一、今日死を決するの安心は四時の順環に於て得る所あり」である。

松陰は自らの死を納得するために、「四時の順環」ということを考えた。

世には短命で終わる人がいる。乳幼児の死や少年少女期の死や青年期の死がある。戦中には特攻隊のような不合理な死もあった。

若い死や不慮の死をなんとか納得したいと考えるのに、松陰はどんな歳で死んでも、その短い生には「四時」がある、どんなに短い生でも一生は一生なのだ、と考えた。

松陰は「死を目前にして、平安な心境でいる」と書いている。ほんとうに納得できたかどうかはわからない。とても納得できたとは思われないが、これは松陰が自分の死をかけて考えたものである。

何歳まで生きたいかとか、何歳まで生きたとか、あるいはかれは早すぎたなとか、死にまつわる時間を云々することは、あまり意味のあることではない。いろいろな思いが生じることはしかたないことだが、人それぞれの死は、やはり運命だと感じるほかにない。

第二の敵は金欠と人間

「生老病死」以外の敵もある。「お金」と「人間」である。

先に見たボーヴォワールによると、彼女は、「まっとうな年金と住居があれば、彼（高齢者：引用者注）は意気阻喪をともなう屈辱感からまぬがれ、最小限の社会生活が可能となるであろう」と書いているらしい。

つまり、と上野氏が解説しているが「高齢者にとって最低限の住居と生計を維持するお金さえあれば大丈夫だ」ということだ。

しかし、こんなことボーヴォワールや上野氏に聞くまでもない。わたしでもあなたでもいえる。「維持するお金」とはどれくらいで、それが足りないときはどうするのか、ということが問題なわけである。

「牧師　ミツコ」という人が書いた『74歳、ないのはお金だけ。あとは全部そろってる』（すばる舎、二〇二〇）という本がある。

「牧師　ミツコ」というとおり、彼女は牧師さんである。彼女の収入は国民年金と厚生年金と夫の遺族年金を合わせて、二か月に約十四万円である。

タイトルにも「ないのはお金だけ」とあるように、ないという自覚はあるのである。ま、そりゃそうか。ある人に比べれば、一か月に七万円はあきらかにないほうである。

ミツコさんは本を出した当時は七十四歳で、現在は七十六歳である。ほぼわたしと同年だといっていい。彼女は上記の収入の他に、シルバー人材センターに登録して、週三回、掃除や料理の手伝いをして月二、三万の収入がある。合計すると十万円前後。

家賃は公営住宅なので月六千円。これはうそみたいな家賃だが、この住居費が低額で抑えられているのが、彼女が生活を維持できている秘密だろう。

彼女は、基本「ある中でどうにかする、7万円なら7万円の生活をするだけです」といっている。しかし夫が健在だった昔に比べれば、「今はひとりでこれだけのお金を使えるので、『私ってお金持ちね』と思っています」と書いている。

ところがそのあとすぐに「お金がないことを嫌だなと思うのではなく、その状態を楽しんでしまいます」とか「今は、お金がないほうがむしろ幸せだとも思えるようになりました」と余裕も見せている。

どっちゃねん、といいたくなるが、お金に対する意識は気分によって変わる。

「7万円なら7万円の生活をするだけです」が彼女の本音だと受け取っておこう。

わたしもおなじ考えである。それしか思いつかない。

お金がない状態を「楽しむ」というのは、あきらかに調子に乗りすぎだが（「楽しむ教」の人間のなかには、ストレスを楽しむとか、プレッシャーを楽しむとか、なんでも楽しめという口先だけのやつがいる）、老人にとって、住居と最低限の収入の確保が必須なのは、ボーヴォワールのいうとおりである。

ここで、あえて牧師ミツコさんとは対照的な、唸るほど金のある人物の話。

というと、百万円を何人にお年玉として配布したり、自分は宇宙ロケットに乗ったりしてマスコミで話題になったあの人あたりかと思うかもしれないが、まったく逆で、大谷翔平である。

大谷翔平は昨年、日本記者クラブでおこなわれた会見でお金の使い道を聞かれたときに、「とくに消費することはないので、今のところは貯まっていく一方です」と答えた。

日ハム時代も、「僕は物欲がないんです。大きな買い物は、表彰式やイベントで着用するためのスーツを買ったくらい」と話している。

ある調査によると、大谷翔平の二〇二二年度の総収入はＣＭ料も含めると約六十八億円になるという。

食に関しても恬淡だ。試合がある日の昼食は、エンゼルスタジアム内のレストランで摂り、試合後もそこで食べるか持って帰るかのどちらかで、外食はほとんどしないという。

普段着は「ヒューゴ ボス」、車は「ポルシェ」と、スポンサーから提供されたものを使用している。じゃあ時計は「セイコー」かな。格別の趣味もなさそうだ。ゲームは好きそう。日ハム時代はゴルフのおもしろさにハマりかけたが、それもメジャーに行ってからはやっていないという。

お金があるかないかの問題は、究極的には、なぜ金を欲しがるのか、という人間の心理の問題になる。そしてそれは結局「物欲」がどれほどあるかの問題に帰する。お金にできることは物欲を満たすことだけである。

物欲が満たされると、一瞬、心も満たされるが、それは仮象だ。だからお金が欲しい、という心を消してしまえば、「敵」としてのお金は消滅する。

生活費は最低限どんな人にも必要である。それ以外の余計なものを購入するためのお金が「敵」といえば「敵」になる。しかし物欲のある人に、物欲を失くせ、というのも無理な話だ。

お金があることで一番いいことは、お金の心配をする必要がないことだ、といわれる。けれど、大谷翔平という人はそういうことではないように思う。六十八億円あるなら六十八億円の生活をする人、ではないからだ。

自分にとって一番大事なことは、野球がうまくなること、野球が楽しめること、というのがわかっている。それ以外の金と物は二の次、三の次だ。

大谷翔平という青年はそういうふうに出来上がった質《たち》の人ではないか。

生きているだけで、いい

人間はよりよき生を生きるために、意志する。しかし意志にも限度はあり、意志が通用する範囲にも深度にも限度がある。

生も老も病も死も、思うようにはいかない。わたしは自分の半生（というより五分の四生）の決算を、大雑把に八勝七敗と総括した。かろうじてだな、と思うが、しかし、考えてみればこれは奇跡的なことである。世界を見てみれば、こういうことをいってはいけない気もするが、全敗や一勝十四敗の人生に苦しんでいる人々がいるのである。

日本国内にあってもわたしは幸運だったといっていい。この歳になって、なにをこれ以上望むことがあるか。老も病も死も、最終的には運に任せるしかない。世の中はろくでもないところだと思っている。人にも社会にも期待しない。だから、そこで善にあうと、うれしい。

これは物欲の問題とも関係するのだが、五木寛之は、自分の「幸福感の要求水準がかなり低く設定されている」といっている。

かれはグルメではないし、ワインの趣味もない。コンビニのおにぎりといなり寿司は「定番」。デザートはバナナ一本。自宅のマンションは老朽化がすすんだものだ。「坐って半畳、寝て一畳」を学んでいるから、「もっと広いマンションに住みたいとも思わない」。


生活の要求水準を低く保つということは、大事なことではないか。最低線の設定を低くしておけば、いつも幸福を感じていられるのだから。

私は、自分がいまの状態に満足していられることが、とても幸せだと思っている。老子が言った「知足《ちそく》(足るを知る)」という高尚なことを考えなくても、自分の要求水準をリセットして、戦中あるいは戦後間もないころに設定しさえ

すればいいのである。（『百寺巡礼　第二巻　北陸』講談社文庫、二〇〇八）

五木寛之もまた無理をしているのではない。成長の過程で、そういう人間に出来上がったのである。

だが、物事の本質を考えることで、後天的にそういう人間になることは可能であろう。「足るを知る」。いい古され、手垢のついた言葉だ。

しかし牧師ミツコさんがそうだった。五木さんもそうだ。そしてたぶん、わたしも。そうであれば、スマホやSNSをこねくり回すこともない。今日はサウナだ、明日はキャンプだ、その次はディズニーランドだ、とイベントで時間を埋めることもない。

生きているだけでいい。

第2章

生きてるだけで愉しけりゃ、無敵だ

「生きてるってぇのは、ありがてえなぁ。恭太郎」

勝海舟（小日向文世）が、咲《さき》（綾瀬はるか）の兄、幕臣の橘恭太郎（小出恵介）にしみじみという。（「JIN―仁― 完結編」最終章・後編）

自分の死を想像してみた

あるとき、自分の死を想像してみた。

ほんとうはそんなこと、絶対にわからない。わからないが想像してみたのである。死ぬとどうなるか。

単純なものだ。永遠に真っ暗闇で、冷たく、無音の世界、というものである。

そんなわけないのである。本人は死んでいるのだから感覚があるわけがない。暗いも、冷たいも、無音も、ない。意識もないのだ。

わたしたちが死を考えるとき、一番類推しやすいのは寝ている状態である。意識がない状態だからである。けれど意識はないが、暗くも冷たくもないのだ。

だから寝ている状態と、死の状態は絶対的にちがう。

寝ている状態は、寝ているのである。わたしたちは、人が寝ている状態を見て、どういう状態かがわかっている。叩けば、即時に感覚も意識もよみがえってとび起きるのだ。

しかし死んでいる人を見て、どういう状態かはわからない。ましてや、焼かれ、骨になって、墓のなかに安置されてしまうと、「死」そのものがどういう状態なのか、まったくわからない。

で、そのへんのことは当然わかったうえで、あえて酔狂にも、自分の死んでいる状態を考えてみたのである。

どう考えたのか。

そこは真っ暗で、氷のように冷たく、静まり返って孤絶した世界だろう。そのような状態が永遠につづくのだ。

いやだな、と思ったのである。

たとえば真冬の朝、冷たい水で顔を洗うことさえいやなのだ。

そんなときに不謹慎だが、かならず思い出すのだ。わたしは顔を洗うのさえ冷たくて震え上がるのに、西部邁《にしべすすむ》氏は一月の真冬に、よく入水自殺（多摩川）をしたものだな、と。しかも現在のわたしよりも三歳上の、七十八歳だった。

それはともかく、永遠に暗く冷たい世界を想像する。

そしてそんな状態に比べるなら、生きていることは圧倒的にいいことだな、と思ったのである。

こちらは、開放的で、明るく、温かく、音がある。人々の声が聞こえる。自然の色に溢れている。

そしてわたしは、息をしている。これだけでも文句なしにいいことではないか。これ以上の歓びはない。もちろん、生きていればこれ以外の歓び（喜び）も無数にあるが、それはおまけの歓び（喜び）である。

水以上においしいものは無数にある。だがそれらはおまけのおいしいものである。あるいは、水あってこそのおいしいものである。心の底からおいしいと感じるものは、究極的には水しかない。生の歓びは、それに似ている。

ただ生きているということが、こんなにうれしいことだとは思わなかった。モノが見えること、音が聞こえること、風を感じること、歩けること、なにより楽に息をできることが、これほどありがたいことだとは思わなかった。

ただ生きているだけで楽しい。生きているだけでうれしい。

わたしはなにやら、新境地を開いた気になった。

生きていることは、いいことである

週刊誌や雑誌やテレビなどでは、老人たちの終活や健康や資金や「死ぬまでセックス」や、これからどう生きればいいか、などについて、いらぬことばかりいっている。

わたしは『自分がおじいさんになるということ』のなかで、こう書いた。

「そんなときに、そんな心配など無用ですよ、というのが、この『生きているだけで楽しい』という生き方である。この実感は、なにかをしなければならないといった強迫観念から自由にしてくれるのである。無理矢理『生きていること自体が楽しい』と思い込むのではなく、腹の底から納得できるのなら、この実感は生活や人生のベースにあって、まさに怖いものなし、最強不動のベースであると思う」

調子に乗って、さらに「『生きているだけで楽しい』ということを実感し納得できることは、年寄りが生きる極意だという気がする」とも書いた。

ただ「楽しい」というのは、なんでもかんでも「楽しい」「楽しむ」「楽しめ」という昨今の世間の風潮に迎合的だなと反省し、それをいうならもっと静かで落ち着いた「愉しさ」のほうだなと訂正した。

字面だけのちがいだが、「楽しい」は表面的な喜び、「愉しい」は内面的な歓びを示したつもりで、わたしはこちらのほうが好きなのだ。

しかし、それさえも実感にそぐわないということから、さらに「想像上の死に比べるなら、生きていることはいいことだ」「うれしいことだ」と表現を弱めたのである。

このほうが、実感に近いようだ。この実感が想像上の死と比べたところから生じたものであることは、やはりわたしの現在の年齢からきていることかもしれない。

五十や六十の頃だったら、自分の死を想像してみることなどしなかった。歳をとったなあ、という実感がなかったからである。たまに考えることがあったにしても、本気であったはずがない。死はまだまだ先のことだったからである。

じいさんもけっこう図々しいが、初老なんてのはもっと図々しいのだ。

ということは、「生きていることは、それだけでうれしいことだ」と実感できる者は、死を身近なこととして考えられる年齢に達した者（年代）に限られるのかもしれない。わたしの場合でいえば、七十五歳からの意識変化である。

自分をジジイだとは思っていないと書いたが、やはり体の不調を感じたときや、気の弱まりを感じたときなどに、ジジイ意識に襲われるというより、死が顔を覗かせるようなのだ。

そこから反照して、それまで思ってもみなかった生の無上のありがたさが浮上するのである。

それを特権というのもどうかと思うが、特権といえば特権だろう。生きているだけでうれしい、というのは無敵だからである。だれでも手に入れられる実感ではないのだ。

この無敵は、どんな敵にも打ち克つという無敵なのではない。敵がひとつもなくなるという意味の無敵だ。

うれしいことの条件はただひとつ。なにも難しいことではない。脚下照顧《きゃっかしょうこ》。

生きているだけでいいのである。敵はどこにもいない。

潤沢なお金も結婚相手も豪華な家も車も必要ではない。とりあえず、ただ生きていればいいのである。世間からの、なにが楽しくて生きているんだ、という羨望を隠した揶揄も敵ではない。だって、生きていることじたいが愉しいんだから。「わたしは八十歳になるが、生きているだけでうれしいという気になることはないな」という人がいるだろう。おまえのいってることは、衣食住に不満のない人間のいうことだよ、という人もいるだろう。

わたしはそのことを否定しない。基本的に、最低限の生活は維持されなければならないからである。なにが最低限か、ということもひとそれぞれだから、一定程度の生活を維持するに足る条件といったほうがいいだろう。

ただ生きる、ということは、そういうことを含んだ生活のことである。厳しい生活をしている人のところへ行って、生きていることはそれだけでうれしいことですね、などと無神経なことをいうつもりはない。

けれど、いやあんたのいうことは、よおくわかるよ、といってくれる人もどこかにいるはずである。

余計な不安にかられない

テレビは視聴率を上げるため、出版は売上部数を伸ばすため、新聞はより多くの読者を獲得するために、そしてその他の大中小の企業は宣伝広告によって金儲けをするために（そういうことをいえば、これらの媒体がそうだが）、自社商品を誇張し、偽る。人心を脅し、不安を煽る。

テレビは健康番組をやっている。老人目当ての健康食品やサプリメントの通販も盛大にやっている。不安煽り番組であり、不安煽り産業である。

わたしは興味津々で見る。売れなくなった芸能人を見るのもそぞろ哀れだが、いい収入になるようだ。しかし商品を勧める必死さがウソである。

テレビに出る医者はあまり信用できないが、最近は素人もいんちきの片棒をかついでいるから信用できない。素人といっても、テレビに出ている者は、たぶん芸能事務所かどこかに登録している者たちなのだろう。素朴を装っているが、油断もスキもあったものじゃないのだ。

老後の問題というと、老後資金はいくらあったら安心か、という話になりがちである。数年前、金融庁が、老後には公的年金以外に、あと二千万円（だったか）必要だと発表して、年寄り連中が「話がちがうじゃないか」と騒いだということがあった。

余計なことである。あの当時、つまらんことを口走った国側も、また騒いだ高齢者たちもいまではすっかり忘れてしまっている。

二〇二五年には老人の五人に一人が認知症になる推計があるといわれ、南海トラフ大地震は、今後二〇年以内に六〇パーセントの確率で起こるといわれる。まったくもう。いったいなんのための予測か？　両方とも当たるも八卦当たらぬも八卦、みたいな話ではないか。

お金の不安も認知症になるかもしれないという不安も、交通事故に遭わないかという不安も、大地震に巻き込まれるのではないかという不安も、考え出したらきりがないのだ。

ただ生きる以外に、おまけの歓びを見つけている老人がいる。

YouTubeをやっている高齢者がいて、そこそこ人気を得ている。テレビで取り上げられた人もいる。スマホもパソコンも得意という人がいるだろう。キャンピングカーで夫婦で全国を回っている人もいる。

豪華客船のクルーズツアーをする夫婦や、豪華列車で旅をする夫婦もいる。なにが楽しいのかわからないが、いいことである。

おまけの楽しさであり、おまけの贅沢である。わたしはやらない。そんな金はない。あってもやらない。

車はどうしても必要なら乗ればいい。楽しみのためだけなら、免許は返納したほうがいい。ほんとうに食べたければ、一時間でも二時間でも行列に並べばいい。みんなが並んでいるから、という理由ならやめたほうがいい。

わたしはやらない。わたしには、わたしのおまけの愉しみがあればいい。

生きがいはいらない

もう七十を過ぎた歳になると、生きがいもへちまもない。そんな言葉に心がすこし動かされるのは、せいぜい六十や六十五で定年退職するあたりまで、である。その頃までは、第二の人生だとか、第二の青春だとか、老け込むにはまだ早い、とかいわれたものだ。なにかこれがわたしのやりがいだとか、これが楽しくてねえ、というものがあるだろうと軽い脅迫にあっている気分だった。

そこで、そうかやりがいか、生きがいねえ、とすこし考えてはみるものの、はっきりいってなにもない。

やっていることの延長で、なにかがあればいいが、自分の外に無理に探すようでは、あるいは無理に作ろうとするようなら、もうだめである。ないのだから。

わたしは若いときから、やりがいとか生きがいなど考えたことがない。どうも「生きがい」とか「やりがい」という言葉は無理に考えられた言葉ではないか。わたしの場合、そんなものは元々考えたことがないのだった。

するべきことをし、いやなことはできるだけしないようにしただけだった。

テレビのばかなリポーターが、あなたの生きがいは何ですか、とくだらんことを聞いたあたりから、「生きがい」や「やりがい」という言葉は世間に広まったのではないか。

テレビがよくやるのだが、くだらん問いの形式に「あなたにとって○○とはなんですか？」というものがある。邪魔くさい問いだ。

そこには、訊かれたからにはなにか答えてよ、という暗黙の強制がある。

訊かれたほうも、なにか答えなければならないという義務感のようなものに駆られる。訊いてどうすんの？　と訊き返してはいけないことになっている。なぜか訊いたほうが優位に立っているのだ。

「あなたにとって生きがいとはなんですか？」

実際、こんな形でしか、わたしたちは自分の「生きがい」はなにか、など、考えるきっかけはありはしない。

そこでめんどうくさくなって「家族ですかね」と答えてしまう。「仕事です」という者もいよう。ばかばかしい。

「生きがい」があろうとなかろうと、わたしたちは生きていくのであり、「やりがい」があろうとなかろうと、わたしたちはすることはするのである。

「あなたの生きがいはなんですか？」

当然、とくにないなあ、と答えていいのである。どうせ訊くほうも訊きっぱなしである。そのあとのことはなにも考えちゃいないのだ。

まあだれに訊かれることもないだろう。それでも万一、訊かれたときには一言、ないね、といえばいい。「ねえよ、そんなもん」と、なにかで答えていたおじいさんを見たような気がする。こういうじいさんになりたいものだ。

自分なりの生きがいがきちんとある人はそれでいい。そんなもん聞かれるまでもない、阪神タイガースやないかい、でも、日本ハムファイターズです、でもいい。ない人は、いらんのである、そんなもん。悔しがることでもない。

「ひとり」は自由だが、賛美しすぎない

日本社会ではあまりにも孤独死だの、ひとりは寂しいだのといわれすぎたため、その反動で今度は、ひとりは自由でいい、おひとりさまでけっこう、友だちなんかいなくてもいい、と「ひとり」を賛美しすぎる傾向が強くなった。

たしかに、ひとりで一番いいことは自由なことである。わたしは、自由と健康

はなにものにも代えがたいと思う。

過日、北海道に住む友人のH君から久しぶりに電話があった。心臓病で二か月入院していたと知らされた。退院したその日に電話をくれたのである。

ひとしきり話したあと、やっぱり健康と自由が一番だろ、というと、かれは満腔の思いで同意したのである。

わたしが寮生活ができそうにないのは、時間に縛られた生活が無理そうだからである。入院を何か月も何年もしている人がいるというのに、わずか二週間弱の入院でわたしは音《ね》を上げたくらいである。

薄味の病院食は我慢できるが。しかし自由な時間に、自由に行きたいところに行けないことが窮屈だったのである。

自由は、言論の自由とか職業選択の自由とか結社の自由などの大きな自由だけが自由ではない。わたしはこの七十五年間、そんな自由を欲したことがない。

それよりも、普通になにを食べてもいい、いつ、どこに行ってもいい、いつ起きていつ寝てもいい、という日常の自由のほうがわたしには大事である。

そして自由といえば、ひとりの問題に帰する。他の人間が不自由であったり、健康を害していることも気にはなる。親愛なる者の場合はとくにそうだ。ではあるが、結局なにをするにしても、いつもつきまとうのは、自分自身の自由（と健康）の問題である。

その意味でわたしがずっと理解できないことは、犯罪を犯す者は、刑務所に入れられることをどう思っているのかということだった。

あえて自分の自由な生活を代償にしてでも、犯行をするしかなかったということか。それほど動機が強かったのか。それとも犯行することしか頭になく、ほかのことはなにも考えなかったということか。

何回も服役を繰り返す受刑者については、自身が現在無期懲役刑に服している美達大和《みたつやまと》氏のこのような考察がある。

受刑者たちの七割は無職で、住むところもない。日々の食事にも不自由し、まともな友人・知人もすくない。ところが「そうした人が服役すると、たちどころに貧困・欠乏・孤立からの自由を享受することができるのです」。

（したがって）こうした人たちは自由に対する期待値、渇望度が低く、刑務所で暮らすこと自体に心理的抵抗も全くありません。その大半が受動的な生き方であり、刑務所内で職員に指示されることに対しても抵抗感がないどころか、自己判断をせずに気楽に生活できることを好んでいるのです。

（『獄中の思索者』中央公論新社、二〇一二）

十代の頃から少年院や刑務所などでの生活をしてきたものは、「塀の内と外にかかわらず、自由というものへの欲求が高くないのです」。

これはまさに目からうろこの指摘だった。「自由というものへの欲求が高くない」人間がいるとは思わなかったのである。

かれらは獄中の不自由な生活を「自由について考えたこともないので不自由とまで感じることはなく、改善は期待できません。(略)受刑者にとっては今、只今の小さくて限られた快楽が自由であり、自らの人生が欲望の奴隷となっていることに気付くことなく、塀の中の安定した生活、偽りの自由に甘んじているのです」。

再犯を繰り返す人間はそうかもしれない。だが初犯の人間はどうなのか。かれらは犯行に際して、元々自由など考えもしないのだろう。捕まるとも思ってないのかもしれない。

わたしは現在、生活上の些事において不自由を感じることはない。したがって、自由を享受していながら、自由のありがたさを感じることもない。

わたしは「ひとりであること」を好む。複数でいるよりも、やはりひとりのほうが自由度は高いからだ。

だがわたしは天涯孤独、ただのひとりの縁者も知人もないという状態ではない。

だから「ひとりであること」がなにより正しい生き方だというつもりはない。

友だちがひとりもいない、ということを得々として語る者も増えてきた。しかしそんなことは別段威張ることではない。友だちは百人いるよ、という者もあほだが。

わたしは一般的にいって、集団よりもひとりでいることが好きである。しかし気心の知れた集団まで忌避することはない。世間的価値に首までずぶずぶに浸かっている気持ちの悪い集団がいやなだけだ。

わたしは完全にひとりではないし、ひとりの友だちもいないわけではない。しかし会うことが愉しくないような友だちは、思い切って意図的につきあいをやめるようにしてきた。それはわたしの狭量のせいかもしれない。

しかしどう頑張ってみても、清濁併せ呑むことができない性格だとわかった以上、それはしかたのないことである。だから「ひとりであること」も「友だちが少ないこと」もあまり賛美はしない。

一時の楽しさより、永続的な「愉しさ」を見つける

放浪する一九六センチの中年の大男、ジャック・リーチャーがこう嘯《うそぶ》く。「きのうはニューヨーク、きょうはロンドン。人生は楽しい。／いまのところは」（リー・チャイルド／青木創訳『奪還（下）』講談社文庫、二〇二二）

リーチャーは、どんな敵にも負けることのない文字通りの無敵な男である。かれは放浪する暮らしが楽しい、といっている。本来リーチャーは静かな男で、わくわくの愉しさはあるが、ガハハの楽しさはない。

世の中の楽しさには、ディズニーランド的な「楽しさ」と、読書のような「愉しさ」とがある、とわたしは考える。

前者は動的で集団的で一時的、いわばバーベキュー的な楽しさである。あるいは見出し的にいえば、強烈なドーパミン的、エンドルフィン的楽しさだといって

いい。みんなでわいわいがやがや。イエーイとかいって。

後者は静的で単独的で永続的、いわば読書的な愉しさである（読書の他に考えつかなかったのか）。こちらは穏やかなセロトニン的、オキシトシン的愉しさである。映画を見る、音楽を聴く、絵を見る、昆虫採集をする、など。じわりと愉しい。

このへんは適当である。わたしがこれらの脳内快感物質のことを通俗的にしか知らず、ほんとうにわかっているわけではないからである。

もうこの歳になると、わたしはいまでは圧倒的に「愉しさ」を求める。実際にもそうだ。もちろん「楽しさ」も好きである。

が、あんまり「楽しい」とか「楽しむ」とかはいいたくない。「人生を楽しみたい」などとは口が裂けてもいいたくない。

「楽しみたい」人は、楽しめばいいのである。ほんとうに楽しいときに、思わず「楽しいなあ」ともらすことはあるだろう。しかしわざわざ自分をアピールするために、広言することはない。なんかさもしい感じがする。

なぜ生きているのか。楽しい人生をおくるために、という答えをわたしは否定しない。けれどこの答えは、口に出した途端、じつに愚劣極まる答えにしか思えないのである。

なぜ生きるのか、という問いがそもそも愚劣である。「さあ?」というしかない。現実の生活として、わたしが好きなのは「愉しさ」のほうである。だがこれとてわざわざ口に出していうことではない。

人生は楽しいか楽しくないか、で測る以外に、損か得かを基準にする考えも執拗に存在する。楽しいと損得を合体させて、「人生は楽しまなければ損だ」という人がいる。大概、枕詞としてその前に「人生は一回限りなんだから」というのがつく。

わたしが最も嫌いな考え方である。

ところが驚いたことに、出口治明氏がこういっている。

「僕は21年1月に脳卒中を発症し、闘病生活、リハビリ生活を経験しました。しかし、悲観することなく、復職を目指しました。やり残した仕事があったからです。その後、22年1月には学長としてカムバック。このプロセスで新たな学びを得られましたし、本にも著せました。今は『人生、楽しまなければ損』と実感する日々です」（『気高く生きる100の知恵』TJMOOK、宝島社、二〇二二）

出口氏はつねに前向き、つねに向学心を失わない人である。

車いすに乗っているということから足が麻痺していると思われるが、ほんとうのところこの言葉で、かれがどのように考えたのかはわからない。

かれにはかれの理屈があるのかもしれない。

しかし真意がどうあれ、わたしはこんないい方を好まない。

中島みゆきは「あした」という曲でこのように歌っている。わたしたちがすべてを無くしてただの「心」だけになり、あなたにとってわたしたちの愛がなんの「得」がなくなっても、あなたはそのとき「愛」の言葉をいえるか、と。

愛に「得」を求める人間がいるように、人生にも「得」を求める人間がいる。損得勘定だけで人を愛し、損得勘定だけで人生を生きる人間である。

わたしは言葉だけなら、「人生、楽しまなければ損」という言い方は最も唾棄すべき言葉だと思っている。

楽しまなければ「損」？　なにを「損」したのというのか。出口氏はばかなことをいったものだ、という自覚はないのだろうか。

人生は損得勘定ではない。

老後は今日一日をただ生きるだけ

定年後をどう生きるか、はたまた老後をどう生きるか。いつごろからか、こういう問いかけがされるようになった。だれが、なんのために始めたのか。もしかしたら、はじまりは定年者か老人かもしれない。

もうすぐ定年を迎えるのですが、定年後はどう生きたらいいでしょうか。あるいは、わたしはもうすぐ八十歳になるのですが、なにを目標に生きたらいいですか、教えてください、と人生相談に持ちかけた者がいるかもしれない。

もしそうなら、余計なことをしてくれたものである。その問いにわんさか、新聞、テレビ、雑誌なんかが群がり、学者や評論家を動員して答えを出しはじめたのだ。

まあはじまりはどうでもいいが、いまではこれらの問いは定番となり、それまで鼻ちょうちん膨らませてそんなこと考えたことがない者までが、おれどうするかなあ、と考え出したのである。

定年後は何十年もある、まして老後はそれ以上ある。なかにはこれから人生一〇〇年時代だぞという軽薄なものまでいる。

たしかに観念としてなら、「定年後」はあり、「老後」もある。だがそれをひとまとめの時間にして、その時間をどう生きるかなど、だれにもわかるわけがないのだ。医者や学者や評論家に訊いてもわからない。まして、わたしなんかに訊いても無駄である。

わたしにわかることは、「定年後」の今日一日、「老後」の今日一日を生きるだけ、ということだ。それが、終わりの日までつづくならば、それが結果的に「定年後」や「老後」を生きたということになるのだが、そうなってみれば、そのときにはもう「定年後」も「老後」もどうでもいいのである。

それを細分化して一日一日に区切ってみたところで、その一日一日をどう生きるか、など無意味である。ただ生きるだけである。特別なことはなにもない。

たとえ遠大な目標を立てた人でも、毎日毎日コツコツとそのための仕事をすることしかできない。わたしも朝起き、食事をし、歩き、自転車に乗り、図書館に行き、テレビを見、本を読み、映画を見、夜寝るだけである。

なにをしているわけでもないが、なにかをしている。だれの役にも立ってはいないが、わたし自身の役には立っている。

第3章

世間なんか捨ててしまえば、無敵だ

わたしは世間と相性が悪い

世間は概ねバカである。軽薄である。

世間は誘惑し、脅し、同調を強要する。

ときに残酷でもある。

そして、これははっきりしているが、間違いなく無責任だ。

世間とはなんだ？　と訊かないように。

世間とは近所であり、学校であり、会社である。マスコミもそうである。しかしその実体は一人ひとりの人間である。

本書は論文じゃないので、だいたいのところで勘弁してもらう。

わたしは子どもの頃から世間とは、敵というほどではなかったが、相性は悪かった。

さいわい、世間からいじめられたことはなかった。

しかし中学ぐらいになると、関係はねばつくようになり、高校ではしきりに「つきあえよ」とすり寄ってくるようになった。

大学で一時期海外に出かけたから、その間、世間から離れた。楽だった。

やっと学校という世間を出たと思ったら、今度は会社という世間が待っていた。

「おれの酒が飲めねえのか」というやつがいて、こんな芝居みたいなことをいう男が現実にいるのかと思ったのだ。

「なにが楽しくて生きているのか」ともいわれたことがある。

しかしこんなことは全然たいしたことではない。

匿名でひとりの個人を叩いていじめぬく世間がある。

性犯罪まがいのセクハラを平気でする連中がいる。

粗暴犯まがいのパワハラを平気でする連中もいる。

こういう連中はあきらかに敵だが、これをとっちめようとすると結構厄介だ。

だがその世間も、定年退職で終わった。

これで煩わしい世間から解放されたといっていい。

しかしわたしにとっての世間は終わったが、世間そのものは永遠に不滅だ。

当然、マスコミという世間も健在である。

芸能人出演のテレビＣＭは相変わらずである。あれは効果あるのか。人は煽られるのだろうか。木村拓哉はニッサンに乗っているのか、ダウンタウンはくら寿司の常連なのか。三浦友和は青山を着ているらしいけど。

さあサプリだ、こんなに黴菌《ばいきん》だらけの世の中だからさあ除菌だ抗菌だ。膝は大丈夫ですか、髪の毛は大丈夫か。いまだけ初回半額ですよ。

出版では、ン十万部突破！　だの、△×氏推薦！　と「！」が盛大に連発されてうるさい。大してひっくり返らない大どんでん返しの本、大して驚かない驚愕の結末の映画もある。

世間は勝手に押し寄せてくるのだ。

世間が楽しかろうが、わたしには興味がない

五木寛之氏がこう書いている。「私はどちらかといえば、暗い人間である」

こういう注釈つきではあるが。「それは私の性格でもあろうが、それだけではない。背中に背負ったものの重さが、ずっと私の心に影を落としてきたように思う」（『海外版　百寺巡礼　朝鮮半島』講談社文庫、二〇一一）

背中に背負ったものとは、「かつて支配民族として韓国に暮らしたことの負い目のこと」だ。わたしはそのような背景を全然もってはいないが、わたしもまた性格上、どちらかというまでもなく、暗い人間である。

子どもの頃や若い頃は、この暗さが嫌だった。因果な性格だと思った。人並みに明るく振舞おうとしたこともあったが、居心地はよくなかった。

いまでは、もうこの性格をなんとも思わない。明るさは滅びの姿だ、と気障な

ことをいうつもりはないが、明るさは性に合わなかったのだ。で、無駄に明るいやつはただの無神経なあほだと決めつけた。

明るく振舞うことが性に合わなかったのは、世間でみんなが楽しむことが、わたしには楽しくなかったということがある。みんなが笑うところが、わたしには全然おもしろくないのである。これでは明るくなれるわけがない。明るさの意味がちがったのだ。ようするに世間が嫌いなのだ。

吉本（隆明）さんが、おれは生まれついてのうつ病だ、というのを読んで、百万の味方を得たようでうれしくなった。

だから世間とのずれはいたるところに感じる。

ディズニーランドができたとき、まさかこんなに長くつづくとは思わなかった。だれが行くんだと思った。携帯電話が出てきたとき、年寄りは使わんよこんなもん、と思っていたら、あれよあれよという間に広まった。

カラオケも、ラップも、ハロウィンも気に入らない。サウナも、キャンプも、バーベキューも、わけのわからんタレント名も、わけのわからんバンド名も、ユーチューバーという虚業も、ただうるさいだけの芸人も、食べ放題も、詰め放題も、デカねた寿司も、バレンタインのチョコも、ぱらぱらチャーハンも、ツイッターも、インスタグラムも、フェイスブックも、成人式も、日本人のマスク信仰も、グルメ行列も、福袋も、ふるさと納税ブームも、今年の一字も、流行語大賞も、まったく気に入らない。

みんなチーズが好きで、温泉玉子が好きで、ラーメンが異常に好きなのだ。なんだチーズ・イン・ハンバーグって。

ギネスに挑戦とかいって、もうなんでもかんでも世界記録。クラス、学校、市民がやっきになって愚にもつかない記録に挑戦する。世界記録を達成したといっては喜ぶ。

どこもここも世界遺産に登録してもらいたくてうずうずしている。歴史的価値などほんとうはどうでもよく、ただただ地域活性化の夢を託しているだけである。

だれもかれもが、スマホでこんなに写真を撮るとは思わなかった。なんでもいいのだ。片っ端から撮っている。何百枚も。

しかし撮りっぱなしで、プリントされることなく、そのまますべての写真が埋もれていく。当然アルバムに貼られることもない。撮った写真をかれらはどうするつもりなのか。

昔、36枚撮りのカラーフィルムを買うのに悩んだことが懐かしい。高価だったのだ。残り枚数を考えながら、大事に撮ったものだ。

「焼き増し」（街から「DPE」の看板が消えた）などいまでは死語と化した。社員旅行では幹事が写真を社員に回覧し、焼き増しして配ったものだ。家族でアルバムを見て懐かしむということは、これからはないのだろう。

デジタル音楽は何万曲も入るという。もう意味がないのである。キンドルには32GBの容量で小説が数千冊、漫画が六五〇冊も入るらしい。

数年前、あるタレントがこの中に八〇〇冊入るんですよと自分の手柄のように自慢していたが、かれはその後どうしているだろう。

いわれつづけると、ほんとうかなと思う

世間は具体的にはひとりの人間である。悪口をいいふらし、ドアに貼り紙をし、ネットで個人を叩き、誹謗中傷メールを送り付け、他人に迷惑をかけても平気なひとりの人間である。

世間とはマスコミでもある。だがマスコミという人格はいない。川の源流を探すために川を遡るように、マスコミの源流を遡ってみれば、そこにはかならず具体的な人間がいる。

その人間が書いたりいったりした言葉が、公共の媒体を通過すると、途端に世間（公共）の言葉になっていくのだ。

有名なところでは、明石家さんまが最初にいったとされる「エッチ」という言

葉、萩本欽一が作ったとされる「天然ボケ」、また志村けんが最初に使ったとされる「最初はグー」というじゃんけん言葉が、いつの間にか世間の言葉になっている。

ニュースも作られ方はおなじようなものだ。

いまではだれも疑わない「微笑みの国タイ」とか「世界の3大バカ」という言葉も、最初はだれかがいった言葉である。NYタイムズが選んだ「2023年に行くべき52カ所」の第二位に盛岡が選ばれたのも、日本在住のアメリカ人の写真家が推薦したものだ。

またマスコミが口にするのは平均値であり、統計である。

こんなものは社会にとっては必要かもしれぬが、個人個人には不要である。ときには、それらの数字に毒されて、害になる。

平均寿命や健康寿命も平均値である。こんなもの、個人が知ったところでなんの意味もないのだが、ご承知のように、全国民にとって意味のある重大ニュースとして報じられる。われわれもなんだか知らないが、そんなものとして受け取る。

厚生労働省が発表した二〇二一年分の平均寿命が、男八一・四七歳、女八七・五七歳である。男女とも結構長生きしていて、やはりその数値は気になるのだ。ただ、まあまあ健康だといえる健康寿命となると、男は七二・六八歳、女は七五・三八歳だとされている（二〇一九年度）。

しかしほんとうをいえば、これが正しい数字かは調べようがない。またたとえ正しくても、それがどうした？　といえばいえるのだが、だれもなにもいわない。わたしは現在七十五歳だが、この数値に照らせば、名目的には健康であってはいけないことになるのだ。

血圧についてもおなじだ。わたしは退院してから四年半、毎日朝晩、血圧を測っている。

血圧は二〇〇〇年以前は、一六〇／九五㎜Hg以上の人が高血圧と日本高血圧学会が決めていたという。ところが二〇〇〇年から、一四〇／九〇㎜Hgに決めてしまった。

そして「ひとたび決まってしまうと、あたかもそれが絶対的な基準であるかのようにその数値が一人歩きを始めてしまう」（池田清彦『病院に行かない生き方』PHP新書、二〇一二）。

なぜ基準を変えたのか。ほんとうのところはわからないが、数値を一〇下げると製薬会社が何十億か何百億円儲かると聞いたことがある。

国内だけではない。WHO（世界保健機関）が決める基準を、アメリカの大製薬会社が動かしているという噂もある。たしかマイケル・ムーアがそういう映画（『シッコ』二〇〇七）を撮っていたはずである。

いまでは上が一三〇になっているようだ。テレビで血圧一三〇超えたら大ごとだ、さあこの胡麻麦茶を飲みなさい、というCMをやっていて、脅迫してやがるなと思うのだが、毎回毎回やられると、いつの間にか「一三〇」という数字が頭に刷り込まれて、気になってしまうというばかなことがあるのだ。

統計もおなじである。あんなもの、政治家や学者でもないわれわれには、ありがたくもなんともないのである。

ところがアマゾンのブックレビューなどを見ると、自分もただの素人のくせに、この本にはエビデンスがない、根拠になる数値が示されてない、統計や出典がない、ただ自分の推測や感情だけではないか、とバカにする者がいる。

自分が科学的だと思っているのだろう。

しかしわたしたちはだれひとり、平均値や統計で生きているわけではない。わたしたちは平均値や統計でもない。生死に関わらないだいたいのことは、だいたいでいいのだ。

「人生100年」のバカ

週刊現代の特集記事に「あなたの人生が100年続きますように!」というの

があるのを見た。わたしにとっては「人生一〇〇年」という言葉は敵である。

昨年十一月と十二月の週刊文春は「100歳まで自分の足で歩く」「100歳まで健康に生きる　喉の新常識」「年代別　人生百年を楽に生きる新常識」「加齢と老化は違う！人生百年『老けない』新常識」「人生百年を元気に生きる最新常識」という特集記事を組んだ。文春は数か月にわたって特集をするつもりだ。

対抗するためか、週刊新潮も「人生100年時代の新処方箋　『犬』がもたらす『健康長寿』効果が科学的に立証された」という記事。なんとか新しい切り口はないかと、別の週では二つの特集「人生100年時代の『実録・おひとりさま日記』と「『人生100年』健康長寿の新常識は『舌が命』」を載せた。

どうやら文春と新潮は「人生100年」戦争をやっているようである。

で、見出しだけではなんなので、週刊文春だけ読んでみた。「保存版11p　人生百年時代の最強食品10運動3」という特集である（『週刊文春』二〇二三年一月五日／十二日号）。

リードは「百年人生を楽しむには、何より健康が欠かせない」と「百年人生」を強調している。本文はそれを受けてこうある。

「人生百年時代を迎えた日本。六十五歳で『高齢者』になってから、三十年以上をどう健康に過ごすのかが、今後、大きな課題になってくる」

もう「人生百年時代」は議論の余地のない当然の前提、という書き方である。これを書いたのは文春の記者かフリーライターだろうが、かれ（たぶん）が「人生百年時代」を信じているわけではない。高齢者の健康について書くとき、読者の注目を引くためと、枕詞として最適だから使っているにすぎない。

内容はもういいだろう。いずれも針小棒大な記事である。見出しだけが仰々しい。「人生百年時代」となんの関係もないことがわかる。こんなもの「保存」してどうする？

毎日新聞には毎週日曜日に連載されている「人生100年クラブ」というコラムがある。このHPにはこのような宣伝文句が書かれている。

「人生100年時代を迎えつつある今、『長い老後』への不安が高まっています。備え方や暮らし方を探ります」

「人生100年時代を迎えつつある今」というのがいつコンセンサスを得たのか、どこで、だれの間で「長い老後」への「不安が高まって」いるのか、わたしは知らない。記事を読んでもらおうと、新聞が決めつけているだけである。

本の文章にも「人生百年」は広まっている。酒井順子の『ガラスの50代』には、「人生百年時代の今、五十代として生きている自分」という文章がある（よく平気で「人生百年時代の今」などと書けるな）。

本のタイトルにも五木寛之『人生百年時代の歩き方』がある。また上野千鶴子の『最期まで在宅おひとりさまで機嫌よく』の本の広告には「人生百年時代の女性に勇気と希望を！」という宣伝文句である。

もう「人生百年時代」はだれも疑わない。当然の前提となっているようである。

わたしがなぜ、「ばか、いってんじゃない」と「人生百年時代」を執拗に否定したがるのか。なにも目くじらを立てるほどじゃない、ほっとけよ、と思われる方がいるだろう。

わたしは嫌なのである。人生百年は、単純にウソだからである。そのウソで耳目をひきつけて、お金儲けのために人々や読者をだましているからである。その証拠に、この言葉を使っているのは主として銀行や出版社やエッセイストに多いのである。

日本人は革命を起こしたことがない

世間並みの知識や常識がなければ、世間知らずになってしまう。

なぜ世間が気になるのかの理由のひとつには、このことがあると思う。自分だけ世間からずれているのではないか、という思いは不安をもたらす。だから、みんなとおなじや、横並びは安心なのだ。

コロナを季節性インフルエンザとおなじ5類にすることが決定し、五月八日から実施される。

わたしが感染症に分類があることを知ったのは、今回の新型コロナを2類から5類にするかどうかの議論が始まってからである。そんな分類があるのかと思った。だがこんなこと、普通の人間は知らなかったのではないか。

だがわたしには、「国の借金」の意味を六十歳くらいまで知らなかったという前科がある。安心はできないのである。

池田清彦氏がこう書いている。コロナを2類から5類にするかどうかの議論は昨年からあった。しかし「専門家や病院経営者が猛反対をして」いたという。というのも「『2類相当』のままのほうが国からいろいろカネがもらえるから」というのである。そうなのか。「たとえば『コロナ病床』を用意するだけで、実際には患者を受け入れなくても補助金がたくさんもらえる」（池田清彦『SDGsの大嘘』宝島社新書、二〇二二）

調べてみると実際、二〇二一年度、感染拡大前は赤字だった全国二六九病院が、コロナ病床を確保しただけで補助金交付を受け、平均七億円の黒字になったと会計検査院から報告されたのである。

そうだったのか。こんなことはすでに国民の常識になっているとは思わないが、わたしはこんなことも知らないことを恥じ入った。

日本人のマスク信仰については、池田氏は「世間の目を気にしている人」が多いといっている。それには「長いものには巻かれろ」とか、「テレビで言っているから」というように、「みんながいいと言っているものは深く考えずに、とりあえず賛成する」という日本人の気質がある。

「日本では、一度できてしまったシステムは、それがどれほど不条理で非科学的でも、そして多くの人々が犠牲になっても、なかなかやめられない。それどころか、必死になって守り抜こうとしてしまう」（前掲書）

なぜそうなるのか。「日本人は自分たちで社会システムをひっくり返した成功体験が皆無だということがあるんじゃないかな」。日本ではフランス革命のように「民衆が立ち上がって革命を起こして、なんらかの権利や自由を勝ち取ったってことは、歴史上一度もない」。

フランス革命が出てきて大げさだなと思わないでもないが、わたしは基本的に池田氏のいうことに賛成である。

下重暁子《しもじゅうあきこ》氏が、高齢者は賃貸マンションを借りられないと憤慨している。もしそこで年寄りに死なれたりしたら、あとあとめんどうなことになるというのが原因らしい。氏は二〇二二年現在、八十六歳である。

そこで下重氏は「こんな状況が放置されていていいものなのか。日本では憲法で、住居、移動、職業選択の自由が認められているはずではないか」と怒るのである（『老人をなめるな』幻冬舎新書、二〇二二）。

まあ怒るのはいい。しかしその根拠に「憲法」を持ち出してくるのはいかがなものか。彼女はもしかしたら、憲法に書かれていることは、すべて実現していなければならない、と思っているのか。

んなばかな。これでは世間知らずというも愚かである。

もちろん彼女がそんなバカなことを考えているはずはないと思う。だからわたしは揚げ足をとっていることになるのだが、しかし「どうだ」といわんばかりに、不用意に憲法なんかを持ち出してくるから、揚げ足をとられるのである。

また「私は、生きることの目的は自己表現だと思っている。死ぬまでなにかを表現したい」といっている。なにを目的に生きるかは人それぞれだからいいのだが、これも聞かされる側にしてみればうっとうしいですな。「なにかを表現したい」って、「自己」じゃないか。

世間になんと思われようと、わたしはわたしの意見をいう、という姿勢はいいのだ。しかし単純に好き嫌いでいってるのならいいのだが、下重氏の意見には理屈がついていて、その理屈がまったく共感を呼ばないのだ。

「老人をなめるな」というが、これではなめられっぱなしである。

みんなに従っていれば安心

成人式のなにがうれしいのか。ほとんどの女子が振り袖に白のショール。しかしなかには振り袖を着られない人もいる。これも横並び。

「河北新報」オンラインの「20歳の式典、振り袖は必須？」という報告がある（二〇二三・一・十六、記者・高橋葵）。

一月八日、「式典開始前の仙台市体育館は赤、緑、オレンジ色など華やかな振り袖を着た女性であふれていた。スーツやジャケットを着た女性は1、2人。（略）白のブラウスに上下黒のスカートスーツを着た女性に声をかけた。宮城教育大1年の出雲咲良さん。浪人時代に予備校費がかさみ、親にこれ以上の金銭的な負担をかけたくなかった。『数時間しか着ないのに高額なレンタル代は頼めない』と語った」。

振り袖の貸出料の相場は九万～三〇万円のようである。購入する場合、最も値段の安い振り袖でも一九万円ほどする。

彼女は後日、記者に「独りだけ真っ黒なスーツで浮いてしまう不安が、終始消えなかった」「振り袖姿の同窓生を見て、やっぱり着たかったと思った。振り袖が着られないことを理由に、式典に出ない人は多いと思う」と語った。

女性の出席率は男よりも低いという。この記事を書いた記者は女性である。「今回の取材は、3年前の（自分の）経験が原点にある。出席した水戸市の成人式で、仲の良い同級生が黒のワンピースを着ていた。『振り袖のために20万円近くも出せないよ』と笑って話していた」

記者は「式典で撮った写真を見返して、はっとした。どの場面でも彼女は端の方に写っていた。親に無理を言って振り袖で出席した自分が恥ずかしくなった」。

彼女はしかし、やはりこう書いている。「式典は小中学校のクラスメートらとの再会を喜ぶ貴重な場だ」

わたしはそんなことのどこが「貴重」かと思うが、現在の若者たちの間ではそうなのだろう。あるいはそう思うように、行政やマスコミによって盛り上げられているのか。

わたしが学生だったときも、成人式はあった。だがこんにちのように、イベント化してはいなかった。なんの話題にもならなかったはずだ。

当時、区かどこかから、通知のはがきが来たように記憶するが、成人式のなにがうれしいんだと無視した。あとで聞くと、辞典と映画館の券をくれたらしい。

神仏は信じない

昨年の安倍晋三前首相暗殺事件をきっかけに、旧統一教会の布教のしかたが大問題になった。信徒を洗脳し、多額の寄付をさせることである。あるひとつの観念に支配されてしまった人間には、なにをいっても無駄である。

しかし、夢の中でもいいから、神様が現れたというのならいざ知らず、実際に信者の前に教祖として出てくるのは、ただのおやじやおばさんじゃないか。幹部はポマードべったりのおっさんじゃないか。ある国の宗教指導者は白髪をのばしたただの老人じゃないか。なぜそんなやつのいうことを聞くのか。

わたしははっきりいって、神仏を信じていない。その証拠は、初詣に行った帰りに交通事故死をする人がいることである。

だって殊勝にも、今年もよろしくお願いします、とわざわざ挨拶をしに来てくれたのである。それを、なにもその帰りに死なせることもなかろうに。神仏参りに行かなければ死ななかったのだ。そんなばかなことがあるかね。

天国も浄土もない。また「救われる」というが、意味がわからない。

宮本武蔵は「我、神仏を尊びて、神仏を頼らず」といったが、わたしもそんなところである。

しかし人が願い事をし、祈ることを、わたしはばかにはしない。

人はその有効性をほとんど（あるいは、まったく）信じていないにもかかわらず、それでも願い事をしてしまう。というのも、人生が自分の努力や意思だけではどうにもならず、人知を超えた運に左右されるものだと考えているからである。とくに健康や幸せについてはそうである。金運向上など、もろに金「運」といっているくらいである。それなら願い事も、おなじく人知を超えた神仏に「頼みますよ」とお願いするしか手がないのは道理だからである。

ということは、人間の意思が原因で始まった出来事の収拾は、神仏に祈っても筋違いということになる。

たとえばロシアのウクライナ侵略に対して「早く戦争が終わりますように」とか「平和になりますように」と祈ることは、もちろん気持ちはわかるが、無駄である。願いも通じない。

神仏の知ったこっちゃないからである。

人間が始めたことは、人間が終わらせなければならない。

自分の価値を優先するには力がいる

わたしは最近知ったのだが、井原忠政《いはらただまさ》の「三河雑兵心得《みかわぞうひょうこころえ》」シリーズがめっぽうおもしろい。第1巻の『足軽仁義』（二〇二〇）のあと、現在の『百人組頭仁義』（二〇二三）まで11巻出ている。

なにより、主人公の植田茂兵衛《うえだもへえ》という男がいいのである。

元々百姓の悪ガキだった。事故で喧嘩仲間を死なせてしまい、村を出奔。足軽となり、持ち前の槍の腕と度胸で出世していく物語だ。

本多平八郎の家来になり、十人の足軽を率いる小頭《こがしら》になる。手下のものから、けっして無道なことをせず優しさがある頭《かしら》だ、と慕われる。

「あんた、怒ると怖いけど、無道な真似はしねェ。足軽や小者にも優しい。それでいて戦場じゃ頼りになる。皆言ってるよ。あんた、侍大将になるって」
「ほうか、そりゃ楽しみだら」
「や、本来あんたみてェな人こそ、出世しなきゃいけねェんだ。ところが世の中は狂っててよォ。足軽を牛や馬と同じに見るような奴ばかりが偉くなりやがる」

この手下の最後のセリフはそのとおりである。組織ではえてして、ガラが悪く、威張り腐っているが仕事はできる（ほんとうにできるかどうか怪しいが）というやつが、出世するのだ。

ついでだが、このシリーズが魅力的なのは、「楽しみだら」「ゆうてみりん（いってみろ）」「たァけ（たわけ者）」などの三河弁のおもしろさにあるといっていい。

茂兵衛、腕っぷしは強いのに、斃《たお》した敵の首を切るのが苦手である。これは侍としては致命的だ。戦で敵の首をとることで出世に繋がるのだから。

茂兵衛は仲間から無理やり頼まれて首を切るのだが、その不慣れな手際の悪さを見ていた上役から「もしや、貴公？　首を落とすのは初めてか？」といわれてしまう。「はい、左様で」「しかし、あれほどお強いのに、なぜ今まで？」

やむなく自分の考えを話す。

「敵は、倒すまでが敵……死んだ相手は最早、敵ではござらん。首を切るのは死者に対する冒瀆《ぼうとく》にござる。首がなけりゃ手柄の証がないと言われるなら、それがしは出世せんでもええ……や、出世はしたいが、他の方法でする」

「……………」

小三郎が驚いたような顔で茂兵衛を凝視している。

「なにか、間違っておりましょうか？」

「や、立派なお考えとは思うが、貴公……武士には、ちと向いておらぬのではないか？」

「あるいは、そうやもしれませぬなァ」

（『足軽小頭仁義』双葉文庫、二〇二〇）

茂兵衛はこういうのだが、これは対世間向けの理屈である。本音は、首を切り落とすという行為じたいが気味が悪いのである。この点では、たしかに茂兵衛は武士には「向いておらぬ」のである。

こういう魅力的な人物を造型したのは作者の手柄である。

茂兵衛は、自分の価値を世間の価値（武士の価値）よりも重視している。すると「武士らしくない」ものになってしまう。

世間に逆らうということは、場合によっては「男らしくない」「日本人らしくない」ものになることである。

会社で大勢に従いたくないときなど、本音のほかに、建前の理屈をもっていたほうがいいと思うが、茂兵衛が理屈をいえるのは一定の地位と力をもっているからである。世間に立ち向かうのは大変なのだ。

長仕掛けの割には、結論がしょぼくて申し訳ない。なんとしてでも「三河雑兵心得」シリーズを紹介したかったのである。

世間を捨てる

世間大好きという人はいい。

そういう人はいるものである。世間どっぷりの人だ。ある意味、羨ましい。そういう人に生まれついていれば、どれだけ楽だったことかと思う。しかしこんな歳になってみれば、いまさらもう、そんなことはどうでもいい。

世間と相性が悪い年寄りはどうするか。わたし個人の考えははっきりしている。世間を捨てればいい。もしくは、世間を狭くすればいい。できるだけ嫌なやつとは付き合わないことであり、嫌なニュースは見ないことである。嫌なことはしないし、嫌なところには行かない。

退職した人間はそれがかなりな程度できる立場にある。老人はもっとできる。子どものとき、夏休みで朝早くラジオ体操に起こされるのがなんとも不愉快だった。要するにもっと眠りたかったのだ。だれがあんなバカなことを考えたのか。あれが好きな子どもはいたのか。わたしの父親ははりきっていたが。

中学になると、なんで毎日毎日学校に行かんといかんのか、と思った。この先まだ高校がある、早く大学にいって解放されたいと思った。こんなやつが、日本では大学に行ったのである。

ところが大学は楽だったが、あまりおもしろくはなかった。

それが会社勤めをしはじめると、これまた毎朝、夏も冬も、雨の日も雪の日も出勤である。

なんで毎日仕事があるのか、めんどくさいなあ、行きたくないなあ、北千住で職場のあるお茶の水と反対方向の電車に乗って行きたいな、と何度思ったことか。

子どものときも、仕事をしていたときも、遊んで暮らしたいなあと思ったことが、定年後実現したのである。しかし好きなことをして暮らしたいというが、そんなに好きなことはないのである。遊んで暮らしたい、というのともすこしちがう。そんなに遊びたいわけではない。

したいことをして、したくないことをせずに、自由に暮らしたいというのが本心に近い。

わたしみたいな人間が老後に入って一番よかったことは、世間と付き合わなくていいことだ。もともと世間を狭く生きてきたから、それほど難しいことはなかった。

これまで趣味嗜好の分野では、完全に好き嫌いを通してきた。ある対象物がどんなに大人気であっても、賞をとっていても、評論家の間で絶賛されていても、わたしがよくないと思えば、その感覚を通した。

現役で勤めている間は、当然のことながら、公の場面では好き嫌いを通すことができないこともあった（けっこう頑張ったが）。しかしもう公の場面がなくなり、好き嫌いだけで生きていくことがより楽になった。

しかし悠々自適という気分ではないし、そういう日々でもない。世間は嫌でも報道という形でさまざまに押し寄せてくる。取捨選択をすり抜けて侵入してくるものがある。それはわたしが世間で生きている以上、見なければならない最小限の世間なのだろう。そこでは好き嫌いも通用しない。

それでもできるだけ、淡々として生きていきたい。わたしは目立たず、誘わず、騒がずだから、「一人世間」にはなりえない。いいかえると「インフルエンサー」にはなりえない。なんだ？「インフルエンサー」って。

第4章

歳をとっても腹は立つ

七十歳になって「矩《のり》を踰《こ》えず」

人間の成熟度を年代毎に示したものに、孔子の論語の有名な一節がある。よく知られている、あれだ。

「子曰く、吾れ十有五にして学に志し、三十にして立ち、四十にして惑わず。五十にして天命を知り、六十にして耳順《みみしたが》う。七十にして心の欲する所に従って矩《のり》を踰《こ》えず」（宮崎市定《いちさだ》『現代語訳　論語』岩波現代文庫、二〇〇〇）

これを宮崎市定はこう訳している。

「子曰く、私は十五歳で学問の道に入る決心をし、三十歳で自信を得、四十歳でこわいものがなくなり、五十歳で人間の力の限界を知った。六十歳になると何を聞いても本気で腹をたてることがなくなり、七十歳になると何をやっても努めずして度を過ごすことがなくなった」

わたしは今までこれを、人間一般の成長度の段階をいったものだと思っていた。それにしてはまた、なんと出来た人間モデルであることか、という気がしたが、宮崎市定はこれを、孔子自身の「簡単な自叙伝」だといっているのだ。

成長度の一般的モデルを示したものじゃなかったのか。まあそういわれてみれば、最初に「吾れ」といっているからなあ。

孔子は紀元前五五二年生まれとされる（五五一年ともいわれるが、そういう細かいことはいい）。その時代がどんな世界だったのか見当もつかないが、今から二五〇〇年も前にこんなことを考えていたとはエライものである。

宮崎はこういっている。「当時の七十歳といえば、稀に見る長寿であって、これを平均寿命ののびた現在にあてはめれば、恐らく九十歳、百歳にも相当するであろう」

それゆえ六十歳の「耳順」、七十歳の「不踰矩」の真意は、孔子が「体力、気力の衰えを自覚した歎声と思われる」というのである。

別に人間的に落ち着いたという意味ではないのだ。「本気で腹をたてることがなくなり」といっているが、これは六十になって人間が練れてき、怒ることがなくなったということではない。

宮崎市定の解釈はここでも独創的だ。

「腹を立てぬことは決して美徳ではないはずだ。もちろん、だからと言って、何でも腹を立てさえすればいいと言うのではない。腹のたてかたにも色々あるからだ。度を過ごさないのも同様、意志の力で自制する点にこそ美徳がある。（しかし）自然に度をすごさないならば、それは血の通わぬ機械のようなものだ。これは本当ではない、と自覚したところに、苦労人の孔子の値打ちがある」（カッコは引用者）

六十になって、つまり今の八十とか九十になって、気力体力ともに落ち、イライラが募って腹が立つことが多くなっても、そりゃ当たり前じゃないか。ただその怒りを意志の力で抑制するところに、年寄りの「美徳」があるのだ、と孔子はいっている、と、中国史の碩学宮崎市定は解釈するわけである。

ちょっと先生の意見が入りすぎて無理な解釈にも思えるが（「天命」の解釈も独特だ）、もし先生の解釈に従うとするなら、わたしは孔子の徒である。

わたしは以前、自分ほどアンガーマネジメントに長けているものはすくない、というようなことを書いたことがある。

時流に乗って「アンガーマネジメント」なんて生煮えの言葉を使ってあほだったが、ようするに、怒りをコントロールできる自信があるということだ。

腹が立つことは、腹が立つのである。かなり頻繁に。しかも猛烈に。それも細かいところで。

耳障りや目障りなこともイライラするが、癇に障るほどではない。一番よくないのは、人のことを考えない無神経な連中である。自分をアピールする連中も好きではない。

しかしその苛立ちを表に出すことはめったにない。できるだけ面倒は起こしたくない。わたしが「カッとなって」というのはまずありえない。

迷惑をかけなければ、怒りは抑える必要はない

しかし腹が立つといっても、ほんとうに腹が立つことはそうそうあるものではない。

現今、わたしがほんとうに気に食わないのは、ウクライナに侵略しておきながら盗人猛々しいプーチンと、ウイグル、チベット、香港を弾圧していながら、のほほんとした顔をしている習近平と、ミャンマーの実権を握って一族郎党で国を食い物にしているミン・アウン・フラインの世界三バカ老人である。

しかしまたよく揃いも揃ったもんだ。三役揃い踏みか。

だが、ほんとうの怒りとはいっても、どうしようもないのである。

つまり人間を何千年やってきても、人類は相変わらず不公平で差別的だなとか、

その土地が誰のものかなどどうでもいいじゃないかとか、悪はいずれ滅びるとか、もうなるようになるのを待つしかないか、などと思ったりして終わりである。ただそんな深刻な思いを別にすれば、日々見聞きすることでイライラさせられることは少なくない。なかには、これはあきらかに老人性苛立ちだなと自覚するものもあり、それについては素直に反省している。

だがそれらのイライラも、もやもやしたままいつの間にか立ち消える。まあそれでいい。怒りもイライラも健康上よくないことはわかっている。実際、腹を立てていいことなどなにもないのだ。

ある日、スーパーのレジに並んでいた。レジ係の人数がすくなく、どの列もかなりの行列ができていた。

するとわたしの後ろにいた、わたしと同年配のじいさんが、わたしを仲間と思ったのか、「人数を増やしゃあいいんだよな、まったく」と話しかけてきた。

いきなり怒鳴り始めるクレーマーじじいよりはまだましである。しかしわたしはかれの意に反して「まあ、待とう」といった。かれは、なんだこいつはという顔をしたが、黙ってしまった。うん、平らに、平らに。

怒っていいことなどなにもないが、怒りが生じること自体を抑えることはなかなかできない。感情はつねに理性よりも早いから。

だが怒りが生じたとしても、それが外に出ることは抑えられる。また抑えられなければならない。それが宮崎市定先生のいう孔子の「美徳」であり、じいさんの年の功だ。

怒りの玉は小さいうちにもみ潰してしまうに限る。だってそのときはもう、理性が感情に追いついているはずだからだ。

イライラの小さな種がなくならない

といいながら、ちょっとだけ引っかかってきて、内心、つい舌打ちをしてしまうのは、こいつらだ。
○「森保J、8強なら経済効果200億円？」「WBC優勝なら600億円」。なにかあるとすぐ経済効果ン百億円？　とやる。だれに頼まれたわけでもないのに、すぐ弾き出す学者や研究者がいるのだ。こんなニュース、だれに必要なんだ？だからなんなのだ？
○「今年の一字」に「流行語大賞」。まったくの無意味。清水寺の貫主、断れよ。
○バラエティー番組にやたら出ている芸人。もうテレビは芸人なしでは成立しないが、多すぎて目障り。おもしろくないギャグに腹が立つ。
○NHK紅白歌合戦。前は歌手は知ってても、こんな歌は知らんぞというのがあった。まったくヒットもしなかった歌を紅白で歌っていたのである。ところがいまや、だれだこいつは、と見たこともも聞いたこともない歌手やグループが出てきた。もう無理ならやめちまえ、と思うが、NHKはやめる勇気がない。
○松田宣浩の「アーツオー（熱男）」が、あのジェスチャーとともに気に入らない。移籍した巨人でもやるんだろうな。ファンもいまから待ってるんだろうな（山川穂高の「どすこい」はださくて好きだが）。昨年のサッカーのW杯カタール大会で、話題になった長友の得意然とした「ブラボー」も嫌だね。これをファンやマスコミが喜ぶのがわからない。

○テレビはすべてに大げさで、誇大誇張ばかり。なぜテレビは極端にわざとらしいことを是とする世界になってしまったのか。クイズはわざと間違う。ちょっと涙を流しただけで「号泣」、おもしろくないのに「爆笑」、ふつうの味なのに「めちゃくちゃうまい」。

○テレビは戦場での死体を映さない。ぼやかす。映す場合は死体が出ますとテロップを出す。見たくないという人がいるからだ。だが手錠もぼかす。ぼかせば手錠はしていないことになると思っている。テレビはいつもビクビクしている。

○テレビCMの音楽がほぼ雑音。CMの背後に音楽が流れるが、これがわたしにとっては雑音以外のなにものでもない。ただうるさい音をだして、耳目をひきつけるだけの意味しかない。
○レジでのもたつき。だれもかれもがスマホを見せたり、ポイントカードを出したり、カードを機器に当てたりしている。四、五人並んでいるともう最悪。
○料理屋で出てくる「お通し」ってなんだ。なに勝手に出しとんねん。しかもうまかったためしがない。野菜と鶏の煮物、カツオの刺身、トマト豆腐を出す店がある。好きも嫌いもないのだ。無理やり食わされるのだ。
○会社のなかではパワハラが横行しているのに、テレビCMでは「まごころ」を売り物にしている引っ越し業者。
○事件や交通事故が起きると、翌日、その近隣ではかならず、生徒に親が学校まで同伴する。警察も巡回。もう大丈夫だろ。もし犯人がいたとしても親が撃退できるのか。
○緊急地震速報にJアラート。ともに意味なし。ただ鳴るだけ。音が不気味。しかも鳴ったときにはもう遅い。空振りも多い。まったくの無駄。

○ YouTubeに入るCMに腹が立つ。以前はスキップで全部消せたが、いまは消せないのも多い。グーグルが勝手に入れているらしく、所ジョージはそれが嫌でYouTubeをやめたという。あんなものわたしは絶対に見ない。

現代世界を覆っている拝金主義（マモニズム）の元凶のひとつは、企業の宣伝広告費ではないかと思う。それに小はトラブル系ユーチューバーから、大はテレビ局や広告代理店が、餌にありつこうと群がっているのだ。

もうこの項目だけで、多くの人の怒りを買ったかもしれない。わたしも余計なことはいわないほうがいいのである。だが、毒を食らわば皿までである。ついでに、わたしの使いたくないバカ言葉もあげておこう。

「うまっ」「やばっ」「めっちゃ」「テンション」「コスパ」「食リポ」「ソウルフード」「飲み会」「味変」「追い〇〇」「エンタメ」「無双」

「うますぎる」に「きれいすぎる」。これでなにかをいったつもりなのだ。「……すぎる」を使っていいのは「バカすぎる」だけ。

「かっこいい」も好きじゃない。日本語ではこれ以外の褒め言葉はないのか。「関係性」はちょっと知的にきこえるのか。お笑いの連中がいいはじめて、芸能人、アナウンサーに伝染したが、「関係」でいいのだ。「食べたおす」というように「～したおす」という用法。

「サブスク」。なにがサブスクだ。「ほっこり」。ひと昔前は知る人ぞ知るで、一般には使われなかった。この言葉を使う人間は、わたしはこんな言葉を知ってるのよと、ちょっと得意気だったが、いまでは市民権を得たように広まった。

「サステナブル」。そこまでいうのなら、ちゃんと「サステイナブル」といえよと思う。たった一字省略して無理に日本語にするなよ。

酒の「シメ」。以前、シメなんかどうでもいいじゃないかと書いたら、酒飲みの人から「いや、シメは大事だ」といわれた。「シメ」という言葉に隠された意味が嫌なのだ。

なにをやってんだか

わたしが住んでいる埼玉県は令和三年（二〇二一年）十月から、「エスカレーターは立ち止まろう」ということを条例化した（「埼玉県エスカレーターの安全な利用の促進に関する条例」）。

で、ステッカーを作成して、駅や大型スーパーのエスカレーターのところに貼っている。わたしが見たのはその一か所だけだが、「エスカレーターは立ち止まろう!!　義務化　全国初!!　条例化　埼玉県から始める」というものだ。

情けないのは「全国初!!」と威張っていることである。ばかだねえ、こんなばかばかしいこと、他の県はやらないいんだよ。逆に、ばかだねえ埼玉は、とか思われてるんじゃないか。

それでその効果だが、わたしの見るところまったく浸透していない。「義務化」

とあるが罰則規定はない。当然のことだ。罰することなどできるわけがないのだ。

こんなステッカーを作るのに何百万円か使ったのだろう。それを貼るアルバイト代も含めると、こんなことのために、いくら予算を計上したのだ。

と思っていたら、いやいやそんなもんじゃなかった。

県のＨＰを見てみると、実施直後は県知事自ら先頭にたって街頭に出て県民に呼びかけ、それに付随してポスター、チラシ、ティッシュ、ＰＲシール、横断幕、のぼり、たすき、ラジオ放送、普及動画などを大々的に作成して、一大プロジェクトを展開しているのだった。

何百万円どころの話ではなかったのである。まったくの無駄金である。

またばかなことをやってんな、と調べたところ、東京都交通局も全国の鉄道事業者五六団体の共催で、昨年の夏に一か月間「エスカレーター『歩かず立ち止まろう』キャンペーン」を大々的にやったようである。

そんな大型スーパーやショッピングモールで、無名の演歌歌手のミニコンサートを見ることがある。

一か月間のラインナップが貼ってあったりするが、名前の知らない歌手がこんなにいるのかと思い、びっくりする。

そのとき見たのは、若い演歌歌手である。歌があり、サイン会があり、最後に歌手との撮影会がある。五〇席ほど椅子が並べられており、客の大半は五、六十代のおばさんたちである。

その撮影会が見ものだった。ビニールの衝立越しに、おばさんたちが若い歌手と両手を合わせたり、ハートマークを作ったり、なかには凝った人がいて、歌手と背中合わせになって親指を立てたりして手を振り、もう大はしゃぎなのだ。その姿を自分の携帯電話で、スタッフが写真を撮ってくれる。

これはまったく罪のない行為である。

ではあるが、自分の息子みたいな若い歌手相手にはしゃいでる姿は、亭主や子どもたちには見せられないだろう。

人がすることは、他人に迷惑がかからないかぎり、許容し、温かく見守ってあげよう、というのが現今求められている寛容の精神である。

だから、髪を緑髪や金髪に染めようが、侍みたいな恰好で街を歩こうが、これ見よがしにタトゥーをわざと見せていようが、おっさんがミニスカートでデパートを闊歩しようが、もうだれもなにもいわないし、なにもいえない。

永平寺よ、お前もか

三十歳で一年間、永平寺に上山し、そこでの暮らしや教えの一切合切を書いたすごい本がある。読まれた方も多いのではないかと思うが、野々村馨《かおる》氏の『食う寝る坐る　永平寺修行記』（新潮文庫、二〇〇一）である。

わたしは昨年、はじめて読んだ。

一年間の新人雲水《うんすい》の暮らしがこと細かに描かれ、道元の教えも、当然下山したあとから勉強し直したのだろうが、よくもここまで調べたものだな、と思うほど詳述されていて感心した。

だが一番驚いたのは、修行の厳しさというよりも、先輩雲水たちによる暴力である。まさか永平寺でこんな「しごき」が行われているとは想像もしなかった。

八人の新人が上山した当日、かれらは早速その洗礼を受けたのである。

各自持参した荷物の中身を点検され、包み直させられた。ひとりがもたついていると、いきなり怒鳴り声が響き、「雲水が彼の頬におもいきり平手打ちをくらわし」たのである。

当人は「あまりの突然な事態に、目を見開き絶句したままブルブルと震えている。もちろん、われわれも何がなんだかわからないまま狼狽した」「とんでもないところに足を踏み入れてしまった」。

身形《みなり》をととのえると、基本的な合掌や叉手《さしゅ》のしかたを教えられる。またもたついている者がいると、すかさず平手打ちが飛んでくる。反射的にその手を受けると、怒鳴り返され「平手打ちが何倍にも何倍にもなって彼の頬を打った」。先輩雲水がいう。「いいか、よく聞け。お前らは何も抵抗できんのだ。わかったか！」。こんな調子である。野々村氏はこう書いている。

「僕は、人間が、こんなにも無抵抗な人間を一方的に叩きつける光景を初めて目にした。／この後も、次から次へといろいろな進退が簡潔に教え込まれ、出来の悪い者に対しては容赦なく手が出、足が出た。みんな、わけのわからないまま、抵抗することを許されない自分の身の危険を感じながら、必死で覚え込もうとした」

先輩たちの言葉はチンピラ言葉だ。「おい、お前ら。ここがどこだかわかってるんだろうな。ここは娑婆じゃねえんだ」「ここじゃ展鉢《てんぱつ》できねえと、飯は食えねえんだ。おぼえとけ！」「なんだと。組めねえだと。ここは永平寺だぞ」「いいかげんなことするんじゃねえ。返して欲しけりゃ、一人ずつ俺のところへ取りにこい」

怒鳴られ、叩かれ、蹴られた新参雲水たちは、怯え、疲弊していく。それに修行の厳しさも加わる。やがて入院する者が数人出て、逃亡する者も出てくる。

こういう暴力行為は永平寺で奨励されているわけではなかろうが、おそらく黙認されてはいるのだろう。

わたしは以前から永平寺に興味があり、NHKスペシャルとかYouTube動画で見ていたが、こんなことが行われているとはまったく思いもしなかった（取材陣の前でこんな行為をするわけもない。それともそういう場面を目撃しても省いたか）。

野々村氏が書いている。「僕は、永平寺の修行生活というものに対し、線香の灰の落ちる音すら聞き取れるほどの静寂の中で、動ぜず、黙々と内観する日々といったイメージをいだいて」いた。わたしもまったくおなじだった。

それだけに、なんだ永平寺よ、お前もか、と思った。お前たちもこんな愚劣なことをやっているのか、と腹が立つと同時に、がっかりした。

まともな組織はひとつもないのか

お前もか、というのは、男の中の男たちが行くと思っていた防衛大学校でも、下級生に対する上級生の暴力がはびこっているとわかったからだ（男の中の男の組織などあるわけがないのだが）。

また自衛隊にも、自衛隊で初の特殊部隊（海上自衛隊特別警備隊）を創設した伊藤祐靖《すけやす》氏のような清涼な男が多いはずだと思いたかったのに、部隊によっては低劣なセクハラ野郎やパワハラ野郎たちがいて、情けなく思ったこともある。

わたしはなにが嫌いといって、弱い者いじめをするやつほど嫌いなものはない。よくそんな卑劣なことができるもんだと思う。

しかし先輩たちからひどい扱いを受ける新入り雲水たちもまた「抑圧された集団生活を送るうちに、人間としての楽しさや喜びといったものを次第に見失い始め、ふと気づくと、その悶々とした思いを、自分よりも劣る者を傷つけることによって、まぎらわすようになっていたのである」（前掲書）。

度を越した空腹と打擲の激しさで、理性は崩壊した。「こんなふうに何もかもが抑圧された世界に閉じこめられると、人間の理性なんてものは実に脆いものだと思った」

わたしはことさらにひどい部分の引用ばかりしている。

野々村氏は永平寺の修行や規則や経典のことや、雲水の任務や優しい古老たちの姿や、奉仕にくる婦人たちの姿なども もちろん描いている。さまざまな背景をもった雲水仲間たちのことも書いている。

母親から手紙がくる。懐かしい字が目に飛び込んできた。便所に閉じこもり「オイオイ泣いた」。

野々村氏は一年後、下山した。娑婆でまたデザイン事務所に勤め始めた。

その野々村氏も今年は六十四歳くらいになるはずである。

人は生きていく限り、誰一人として例外なく、その歳その歳をすべて生きていかなくてはならないのだ。そして、若年は若年なりに、老年は老年なりに、すべての歳をその歳なりの尊厳を持って生きていかなければならない。また、それができる社会でなくてはならないのだ。(前掲書)

野々村氏ははたしてどんな老年を迎えようとしているのだろうか。

(この項が長くなりすぎたため、永平寺の「暴力」に対する野々村氏の考えは、あらためて第6章でふれるつもりである)

「孤独のグルメ」はイライラが鮨詰め

以前はそんなことなかったのに、テレビドラマ「孤独のグルメ」の主人公・井《い》之頭五郎《のかしらごろう》の一挙手一投足やいちいちのセリフが癇に障り、イライラするようになった。これは歳のせいではない。

わたしは「孤独のグルメ」シリーズをシーズン1から10まで全部見ている。それどころか最初の頃は録画もし、DVDに落としてもいた。ところがどうもいけない。最近、役柄の五郎を超えて、松重豊《まつしげゆたか》本人のしぐさに腹が立つようになってきたのである。

一言でいうと、井之頭五郎は意地汚いのだ。食べ方もコメントも。最初に違和感を覚えたのは、この男はあろうことか、ご飯をすすってるな、と気づいたことだ。どういう食べ方をしてるんだ、もっと口を開け、と思った。おちょぼ口はやめろ。餃子は一口で食べろ。

五郎は、人の食べてるものを見ては、恥もなくすぐ欲しがり、すぐ注文する。だって我慢するより、食べた方が得じゃないかと思ってる。また、皿に口をつけてメシをかっこんだり、手もなく時流に乗ったり（餃子に酢コショウだ、味変だ、追いラー油だ、と得々としていっているのが小面憎い)、脂身至上主義とかタルタリストだとかいったり、つまんだ料理をしげしげと眺めまわしたり、いちいちの感想がうるさく、やることなすことがちまちまいじましくて、腹が立つ。

レモンが添えてあればもう無条件に搾るのである。ラーメンの麺を途中で噛むとき、イーとするように、左右の口角が横に開くのがいいと思ってるらしいのも気にくわん。松重はあきらかに意識してやっている。酢トマトなんかを食べて「めちゃくちゃうまいじゃないか」という。そんなわけあるか。

店員が料理を持ってくると、場所を空けるために、両手を上げて小さく万歳をするしぐさが、これまた腹立つ。ちょっとお茶目なしぐさ、を醸しだしたいのか。薬味を全部試したがり、ご飯がお代わり無料なら絶対に頼むのだ。

あの偏執的な納豆の混ぜ方やトンカツ用のごまの擦り方、パンでスープ皿の掃除をするしかたなどは、「五郎」というよりあきらかに松重の過剰な演技である。松重自身は笑わせてやろうとしているのだろうが、でかい体をしてなにをやってるのだと逆にいらつく。

もう食べることを最大限に楽しみたいという根性、絶対に損はしたくないという根性が好かんのだ。たかが昼飯じゃないか。いかにテレビとはいえ、そんなに必死になるんじゃないよ。

五郎の人生観は、楽しめるものは最大限楽しまなければ損じゃないか、というものにちがいない。その言葉の前には、人生は一回限りなんだし、というバカくさい枕詞もついているんだろう。

もしこんなやつが実際に食堂にいたら、わたしは「なんだこのバカは」と絶対に思うにちがいない（しかしこんなやつ、絶対にいない）。

原作者の久住《くすみ》昌之もよろしくない。ビールを飲むのに、いちいち言い訳をするのだが、もういいから黙って飲めよと思う。

もうシーズン11はいいよ。

NHK「こころ旅」のほっこり感が鼻につく

ついでにNHK-BSプレミアムの「にっぽん縦断　こころ旅」についても一言。

これは火野正平が視聴者の手紙に書かれた思い出の場所を自転車でめぐるというもので、二〇一一年の東日本大震災の年に始まった。わたしが見始めたのは二〇一六年か二〇一七年である。

見始めたとき、タイトルに「にっぽん縦断」とあるとおり、日本を文字通り自転車で縦断する番組かと思っていたら、各週に一県で一日一か所、合計五か所の点を走る（一日一〇キロ前後）だけなのだ。

「なーんだ、そんなことか」と、肩透かしを食らったような気分になったものだ。

「にっぽん縦断」は僭称である。

これも見始めた当初は気にならなかったのだが、最近、火野正平が気に入らない。若い女を見ると自分からすり寄っていき、女子高生相手だといきなり「お前」呼ばわりで偉そうである。いい女だと思うと、すけべ心が出てくる。

すこしの坂もバスかタクシーをチャーターする。市民の軽トラに乗せてもらうこともある。だったら電動アシスト自転車に変えろよ。そうでなくてもン十万円の自転車に乗っているらしいのに。

ナポリタンにタバスコをかけてむせる、という持ちネタももういいよ。おもしろくもなんともないが、これが女性視聴者には好評なのか。

視聴者の手紙がまたイライラする。書き出しの挨拶のなかに「チャリオさま」(火野が乗っている自転車のこと)と入れる人がいる。あれがイライラする。自分も番組に参加しているつもりなんだろう。

「心に残したい風景」といいながら、自分の思い出話を延々と書く。他の視聴者にとってはまったくどうでもいい場所だったりするのだ。また最近は、その場所に行ったら火野に何々をしてほしいとか、何々と呼んでほしいとかの要望がうるさい。たいがいにしなさい。

行く先々で火野を待ち構えているおばさんたちがうっとうしい。と思ってたら、他所から車や自転車に乗って駆けつけてくるおっさんたちもいるのだ。テレビ東京の「出川哲朗の充電させてもらえませんか？」はもっとひどい。もう小山のような人だかりなのだ。

かれらが芸能人を崇拝する心理が理解できない。それに見合って、芸能人側の隠そうとしても現れる優越意識もいやらしい。この両者の関係が好きではないのである。

わたしはどうも七十歳を過ぎたあたりから、細かいことにイライラするようになった。基本的には理不尽ないいがかりだとはわかっているが、わたしなりの小さな言い分もないわけではない。老人性苛立ちなら反省すると書いたが、このふたつの番組にたいしては反省しない。

「こころ旅」よりは「やまと尼寺　精進日記」のほうが断然好ましい。

芸能人に会えたなら死んでもいい？

昨年11月6日に岐阜市で行われた「ぎふ信長まつり」は、騎馬武者行列に信長に扮した木村拓哉が参加するということで、岐阜市の人口四十万人を超える過去最多の四十六万人が集まり、熱狂したという。

このイベントは開催日前から異常な盛り上がりを見せたことで話題になった。市が一万五千人定員の行列観覧者を募集したところ、全国から定員の六四倍、九六万人の応募が殺到した。七十代のおばあさんは「見たい！　この年になっても見たい」と身もだえたのである。

わたしもチラッとニュースで見たが、木村拓哉が「皆の者、出陣じゃ」というと、大歓声が上がり、すごいものだと思った。

木村拓哉は完全に信長になりきっている。恥ずかしさなど微塵もない。そりゃそうだ、街を挙げての大イベントで、かれひとりのために役所・警察・市民が動員されているのだ。またかれを見るために何十万人も集まっているのだ。

なぜ人は有名人がいると見たくなるのか。

わたしも二十歳前後の頃は、黒沢年男（現在は年雄）や渡哲也に憧れたことがあるから気持ちはわかる。だが今考えてみると、なぜあんなに憧れたのかわからない。いまではむしろ、そんなに入れ込んだ自分のファン気質がうっとうしい。

わたしはどんなに人気の芸能人といえどもただの男や女だと思っている。しかし人はそうは見ないようである。

かれらは「スター」なのだ。「星」である。人間ではなく、雲の上の存在なのである。だから近寄りがたい「オーラ」がある。

以前はよくＮＨＫの『鶴瓶の家族に乾杯』という番組を見ていた。そのうち、鶴瓶やゲストを迎えて町の人間が色めき立つ風景に、嫌気がさして見るのをやめた。鶴瓶を家に迎え入れた中年のおばさんが、寝たきりの高齢の父親に向かって「お父さん、生きててよかったねえ」というのを見たときは、愕然とした。

鶴瓶は神様か天皇陛下か。そんなに有名人に会うことがうれしいのか、と思うが、うれしいのだろう。鶴瓶は素知らぬふりをしているが、自分の人気をわかっているのだ。そこが嫌らしい。

主役級の「スター」じゃなくても、かれらは「テレビに出ている人」であり、「芸能人」であり「有名人」である。つまり、われわれ一般人より上のステージにいる人で、画面やスクリーンの向こう側の人なのだ。

だから、そんなかれらが「下界」に降りてくると、人は騒ぐのだろう。

人間は周囲にちやほやされると、一般人だったときの感覚を忘れて、ほとんどの人間はいい気になり、調子に乗ってしまう。

ましてや何人もスタッフを従え、テレビ局や撮影現場に行くと、下にも置かない待遇でちやほやされる。かくしてジャニーズ帝国（いまや粗製濫造だが）と吉本王国が出来上がった。

これではのぼせあがるな、というほうが無理であろう。芸能人たちがその気になるのも無理はないのだ。いまや俳優やタレントだけではない。横っちょから、歌舞伎の人間も入っている。大御所芸人もそうである。

会社や役所で、仕入れ業者や下請け業者におだてられると、それを自分の力と勘違いしてのぼせあがるやつがいるのと、かたちとしてはおなじだ。それが大会社になればなるほど、規模も大きくなる。

まだ一般人の感覚を失っていずに、見ていて嫌味がないのは、タモリと所ジョージくらいである。

しかしそのタモリに対しても、「ブラタモリ」を見ていると、役人や学者はへりくだり気味である。

それはタモリがいまや芸能界の大御所ということもあるだろうが、それだけではなく、テレビカメラとスタッフの多さにビビッているのだ。

わたしは映画が好きである。俳優たちの芝居を楽しんでいる。しかし映画を離れれば、かれらはただの男と女である。

かれらが見事に役柄を演じきろうとするのは、医者や大工や農民やロケット技術者たちが、自分の仕事に最大限のパフォーマンスを発揮しようとするのと、おなじである。なのに、なぜかれらだけが特別なのか。

莫大な予算で、大量の人間が関わり、莫大な収益と高額な報酬が発生する巨大娯楽産業ということはあるだろう。

その上あの世界には、たしかに世の「イケメン」と「美女」たちが集まっている。ほかの職業はその点ではかなわない。

ということは、結局最後はお金と顔だけの問題か。

第5章

老後で「やめた」老後で「見つけた」

不快なニュースを見るのをやめた

わたしはまだ新聞をとっている。しかしほとんど読んでいない。

坊さんが折り畳んだ経典を両手に開いて持ち、パラパラパラと右から左に移しかえることで一巻読んだことになる、という大般若転読というものがあるが、わたしも新聞をパラパラとやるだけである。全然読んだことにはならない。

それでいい。読む気がないからだ。ニュースを読むことをやめたのである。

とくにただただ不快になるだけのニュースは読まない。

テレビのニュースも見ない。こっちのほうが映像であるだけに訴求力が強い。

もうこの歳になれば好きにしていいだろう。

とはいえ、ニュースの第一報は見る。

なにロシアがウクライナを侵略？　なにが起きたんだ、というのを知るためにである。それで一通りを知る。関心がある限り、その後も見つづける。だがそのあとに、虐殺やレイプや拷問が出てくる。プーチンの自己正当化がある。ロシア国民のプーチン支持の大集会がある。もういけない。

それ以上、見たくないのだ。見ても、ただ不快になるだけだからである。見て、知ったとしても、どうすることもできない。神様にもできない。

ＳＮＳというものができ、YouTubeというものができ、みんながスマホで写真も動画も撮ってどこにも投稿ができるようになってから、世の中には気味が悪く、理解不能な、ケチくさく愚劣な犯罪が激増した。

さらに監視（防犯）カメラやドライブレコーダーの普及によって、そんなのテレビのニュース扱いするなよ、というものまで、映像であれば、垂れ流されるようになった。テレビ局はあほだから、犯人が逮捕されたあともやめない。

とくにワイドショーはいけない。

いつまでも、枝葉末節のどうでもいいことをしつこくニュースで流すのだ。かれらはニュースの意味など考えない。いまではニュースの5W1Hも吹っとんでいる。ただただ番組の持ち時間を埋めるためにやっているだけである。

とてもそんなジャンクねたにまで付き合う義理はない。

自分がなんにもできないニュースは知るな、読むな、悩むなという実利主義のアメリカ人方式（?）でいくことにした。

ニュースだけではない。愚劣なテレビ番組はチャンネルをかえるか、スイッチを切ればいい。こんなシンプルなことが、やっとできるようになったのだ。

タバコをやめた

ほとんど中毒になっていたタバコをやめた。きっかけは脳梗塞になったことである。

担当の医者からタバコなど言語道断といわれた。しかしそうでなくても、入院したときから喫いたいと思わなくなっていた。

十八歳で喫いはじめてから五〇年以上喫ってきたが、まったくなんの苦もなくやめることができたのだ。

脳梗塞になった日も、数時間前までは三人集まって、今どき三人ともタバコを喫うなど珍しいですねえとかいってたのである。

時々、なんらかのことがきっかけで無性に喫いたくなることがあるが、それもやりすごしてしまえば、どうということはない。もうやめてから四年半、一本も喫っていないし、もうこれからも喫うことはない。

入院以前は、タバコをやめるなど考えもしなかった。人から禁煙を勧められても、まったく聞く気はなかった。あんなことがなければ、一生喫いつづけるはずだった。

いまとなっては、なんであんなに必死になっていたのかがわからなくなっている。

一歩外に出れば、つねにタバコを喫える場所はないかと、探すざまだった。確保しておかないと、落ち着かないのだ。店に入る絶対条件が、喫煙可か否かだった。いささか中毒気味だったのだろう。

もしかしたらストーカーの心理というものも、似たようなことではないかと思う。頭の中が「彼女」のことで一杯になっているのだ。

だから、外からの意見は聞く耳をまったくもたない。強制的なショックかなにかがないと、なかなか憑き物は落ちることがないのである。

ショッピングモール内にいまでいう「喫煙目的店」がある。つまり喫煙者専用の店だ。まあ冗談みたいに、全店くまなく煙もうもうなのだが、平気だった。お気に入りの席があって、そこに座れれば心からくつろげた。

館内には随所に喫煙室がある。そこも頻繁に利用していた。新型コロナが全盛のときは、ずっと閉め切られていたが、最近、やっと開いたようである。

ほお、やっと開いたか、と思ったが、もうわたしには関係がない。とその場を離れようとしたら、ドアに貼り紙がしてある。

ここでの利用は電子タバコに限る、紙タバコの人は館外の所定の場所を使え、とある。げ、タバコ同士のあいだでも差別が生じているのか。もしわたしが喫いつづけていたとしても、もうここは使えなかったわけだな。

と思ったが、もうわたしには無縁だ。喫煙目的喫茶も無用だ。

タバコをやめて店選びがえらい楽になった。どんな店でもなにも考えずに入ることができる。店に入るのは、こんなに自由だったのだ。

プロ野球を見るのをやめた

これは歳をとったということよりも、新型コロナによる世の混乱のせいなのか。そんなことがわたしの個人的な趣味・嗜好になんの関係があるのかわからないが、たしかにコロナの蔓延以来、これまで好きだった趣味・嗜好の或るものに、あきらかに興味がなくなったのである。

まずプロ野球に興味がなくなった。

ユニフォームを着こんで球場に足を運ぶというほどではないが、わたしは一応、広島カープファンだった。ペナントレースも両リーグの動向に目配りをし、日本一決定戦まで見ていた。

ドラフト中継も、秋季キャンプも、戦力外通告番組も、見ていた。

それが、昨年の春季キャンプごろから、まったく興味がなくなっていたのだ。

その前年までは、新井貴浩が堂林翔太を引き連れて護摩行に行った、というニュースを見ると、わはは、役に立っているのかね、堂林がんばれよ、と喜んだりしていたのである。

それがぴたりとなくなった。

わたし自身もどうして興味がなくなったのか、わからなかった。ちょくちょく細かいニュースは入ってくるものの、セパとも、いまどこが首位で、カープは何位なのかも関心がなくなったのである。

たまに野球中継があると、うわあ、よくみんな必死でやっているなあ、みんなまたよく見に行ってるなあ、と感心したものだ。

新型コロナの緊急事態宣言で世の中が閑散とした、ということが関係してるのかな、とは思っている。

電車に乗ってもいつもガラガラで座り放題、街を歩いても人出が少ない。わたしの好きなショッピングモールもガラガラで店も入り放題、という状況が、わたしは好きだったのである。理想的だと思った。

考えてみれば、静かな世界、に慣れてしまったのだ。

世界はもうずっとこのままでいいよ、と思った。

そんななかでも、大谷翔平の活躍だけは見ていた。いや、大谷の活躍だけが一服の清涼剤だった。

日本のプロ野球はやかましすぎるのだ。なまじっか人気のあるスポーツだから、野球以外の余計なニュースが多すぎて暑苦しいのである。

新庄剛志が今年も監督をつづけるようだが、もう「ビッグボス」はやめたらしい。当たり前だ。ひとりだけ悪目立ちしただけだ。余計なニュースとはこういうものね。試合後のお立ち台も好きじゃない。

選手が笑わせようとする受け狙い根性もばかばかしい。なにが「サイコーでーす」だ。野球マスコミもうるさすぎるのである。

笑えない「お笑い」ってなんだ

もうひとつ、興味がなくなったのがお笑いである。興味がなくなったというより、こっちははっきりと反感をもつようになったのだ。

わたしは自慢じゃないが、以前はテレビのバラエティー番組が好きだった。漫才もお笑いもクイズ番組も、「ガキの使い」も年末特番の「笑ってはいけない」も、

「アメトーーク!」も「運動神経悪い芸人」もみんな好きだった。「イロモネア」もよく見た。サンドウィッチマンのDVDは全部見た。

いまでは見られなくなったが、アンジャッシュ渡部の「ネット見ろ」や「明太マヨ」の芸は笑った。物まね番組はノブ&フッキーが最高だった。神無月の大友康平と吉川晃司は秀逸だ。

それがですね、もうやかましいのだ。そして、芸人たちのお笑いが、「お笑い」のくせにまったくおもしろくないのだ。

それどころか、おもしろくなさすぎて、腹が立つくらいである。

いまではもう芸人が出ているというだけで、バラエティー番組そのものを見なくなった。刑事番組や歴史ものや通販番組に変えるようになった。年末年始番組では、もう新年から芸人たちのはしゃぐ姿など見たくないのである。かれらの地位もあがり、えらくなったのだ。

漫才コンビも、サンドウィッチマンやナイツ、銀シャリ、千鳥、かまいたち、ジャルジャル、ロッチなどはおもしろかったが、売れて、司会なんかをやるようになってからは、どうもいけない。

現在では、かろうじて見るのはナイツと銀シャリだけである（最近出番が少ないが）。ミルクボーイとすゑひろがりずも、けなげだから贔屓にしている。神無月もまだ大丈夫。

ついでに一言。

テレビ局のアナウンサーどもが、芸人たちの跋扈《ばっこ》とあいまって、男女ともタレント気取りで自己アピールをするようになってきた。それも各社がひそかに競い合っているフシがあり、また各番組毎に出し物で競っている。

まあかれらも差別化を図ろうと、必死なのはわかる。だがなにをどうしたらいいのかわからずに、必死な姿だけが前面に出て、見苦しいのだ。

今年一月、最強の寒波がくるといわれたとき、テレビ朝日の夕方のニュース番組の男女三人のアナウンサーがよせばいいのに、われわれも実際に体感してみようということだったのか、屋上に出た。そこまではよかったのである。ところが、強風で女子アナのスカートは捲れかかり、三人ともふらつくわで、だめだこりゃということだったのか、すぐやめた。

視聴者は、体はってるなあ、と感心するわけがないのである。

同日、富山かどこかの地方局の女子アナ（リポーター？）は、わざわざ頭の上に雪を二センチほど積もらせた状態で天気概況をしゃべった。

女子アナはその状態で待っていたのだ。バカ上司、そんなことさせるなよ。そんなつまらんことばっかりやってるから、日本は落ちぶれたのだ。

義務感で本を読むのをやめた

もう随分前、定年退職前後の頃から、義務感で本を読むことはやめていた。

残された時間が少ないから、そんな本を読んでいる余裕はない、というわけではない。時間ならたっぷりある。ないのは気力だ。もうそんな読書がきついのだ。

この一年の間に感銘を受けたのは、五木寛之の『百寺巡礼』全10巻（講談社文庫）である。もっと前に読んでいればよかったと後悔した。

昨年、これは読んでいたほうがいいかなあ、と義務感から多少迷ったのは、斎藤幸平の『人新世の「資本論」』だった。

なにか画期的なことが書かれているような宣伝がなされていて、動かされたのだが、結局読まなかった。図書館でも読まなかった。めんどうに思われたのだ。

しかしそのあとに出たおなじ著者の『ぼくはウーバーで捻挫し、山でシカと闘い、水俣で泣いた』はおもしろそうだ。これなら退屈せずに読めそうなので、いずれ図書館で読もうと思っている（いま、並んでいる）。

もう一冊、これは興味もあったのだが、エマニュエル・トッドの『第三次世界大戦はもう始まっている』がある。これまでにトッドの雑誌論文はいくつか読んでおもしろいと思ったが、まだ単著を一冊も読んだことがなかったのである。

しかしこの『第三次世界大戦』もまだ読んでいない。やはり中野翠の『ほいきた、トシヨリ生活』などを読むときのような気楽な気分で読むわけにもいかず、それ相応の気合を入れないといけないと思うだけで、もういっぱいなのである。

どんなことが書いてあるのか、関心はあるのだ。現在の世界状況の本質が書かれているかもしれないと思ったりするのだが、それを読んでどうなる？　と思うと、途端に億劫になるのだ。

しかしそれが柄谷行人《からたにこうじん》の『力と交換様式』などになると、もう最初からお手上げである。読んでどうなる？　の前に、もう読めないとわかっているから。

柄谷氏はアジア人初のバーグルエン哲学・文化賞を受賞した。英訳本も多数出ていて、かれは国際的に評価されているようだが、ただの普通の本好きの年寄りはもうお呼びじゃないのである。

本を義務感で読むことはほぼなくなった。しかしテレビは義務感というより、関心があるテーマの教養番組ならいまでも見る。

例えばNHKスペシャルの「ウクライナ戦争」関係や「半導体」や「脱炭素」などである。しかしこれは黙って見ていれば、勝手に映像を見せてくれるテレビだからである。

そういった関連の本は読もうとしないから、これはただの怠惰であろう。怠惰であれ、やはり楽が一番なのだ。

七十歳以後に感じる体調の違和感

五十になろうが、六十になろうが、身体的異変はなにも感じたことがなかった。世間では還暦といって年寄り初心者みたいにいうが、たいしたことはなかった。ところが七十歳以後に、厳密には七十五歳になってから、ちょいちょい体の異変を感じるようになったのである。

まず、ふくらはぎが攣《つ》るようになった。これがあのこむら返りというやつか。

こんな痛いものだと思わなかった。

一回なると、頻繁になるようになった。太腿の裏側も攣る。朝方、ふとんのなかで、全身の伸びをしたりすると、覿面《てきめん》である。これはなにか？　筋肉が腐ったゴムみたいになっているのか？

またわたしは、この歳になるまで肩こりというものがわからなかった。ところがある日、いきなり右肩が痛くなったのである。これがあの肩こりというやつか、と思ったが、いやこれは肩ではない。肩の下のほう、肩甲骨の内側のあたりだ。

そこを、回らない手を回して指で押す。ちょっと痛みが治まる。

翌日ショッピングモールにある（よく行ってるなあ）五分間百円のマッサージ椅子に座って、痛いところに押し当てた。ちょっと治まった。

考えるに、寝違いとおなじように、なんか筋をちがえたか。一週間ほどで徐々に消えていき、結局原因不明だった。

年末の奈良旅行から帰ってきた翌日だったか、なんにもしてないのに腰に違和感を覚えた。ちょっと痛みを感じたが、ほっとけば治るだろう程度の痛みだ。その翌日、腰はまだ不調だったが、最近歩いてないので、ちょっと歩いてみるかと隣の駅までの往復を歩いた。六千歩あまり。たいしたことではない。ところが翌日、起きたときにほぼ歩けなくなっていたのである。

腰に鉄板が入ったみたいで、ちょっとでも体が傾くと痛い。隣の部屋に行くのさえ、腰を下ろし気味にしてそろそろ歩く。完全なじいさんだ。

ところがおそるおそる自転車に乗ってみたら、これが乗れるのである。しかも段差で何度もガタンガタンと上下するのだが、まったく腰に響かないのだ。ということはこの腰痛は神経に関係しない腰痛だな、と見当をつけた。

肩甲骨痛を肩こりかと間違ったように、これも腰の筋違いに起因するものではないか。腰を落として用心しながら歩いているうちに、すこしずつよくなった。五日目にはほぼ元に戻った。全治六日だった。

それにしても、これまた原因がわからない。もしかしたら体全体が衰えていることの現れなのか、と思う。思うが、病院には行かない。

要するに体がバキバキに硬くなっているということだろう。これはストレッチの問題だ。で、やることにした。

といっても前屈と開脚だけ。こんな程度で効果あるのかと思ったが、案の定、数日でやめてしまった。

左手の人差し指の第二関節のところが、寝ているときにクキとなり、曲がってしまった。前にもあったな、ほっとけば治るな、と思ったのだが、三か月たっても治らない。伸ばすことはできるが、痛い。なんなんだこれは。いまでも治っていない。

もう体が原因不明の異変だらけで、徐々に死にかけているのではないかと思う。まあ大丈夫だろうと、高を括ってはいるが。

そのことと関係があるのかどうか知らないが、もの忘れの質が、度忘れでは済まなくなった感じがする。これまでは人の名前や物事を忘れても、こんなことは年相応だと、全然心配ではなかった。

それが、ごく最近に自分がしたことをまったく覚えていないということがつづき、ちょっと質の悪い物忘れになってきたぞ、と自覚する。

わずか数秒前に考えたことも忘れたりする。

あれ、なんでパソコン開いてるんだ？　あれ、なにを検索しようとしたのだったか？　ああそうだ、「美樹克彦」を調べるのだったと思い出す。やや認知症の世界に踏み込んでいるのではないか、とふと思う。

まずい。

だから、どうする、と思ってもどうしようもない。本心では、まあ大丈夫だろうと思っている。現在、いろんな不調がこのあとどうなっていくのか、様子見の状態である。

歳をとったら、不調はいきなり来るからな、とよく聞かされた。徐々に来ると思うだろ、ところがちがうんだな、と。

だがわたしの場合、徐々に攻められているような気がするのである。

自転車は自由だ、歩きはもっと自由だ

おととし買った6段変速自転車はまだ楽しい。あいかわらず近所乗りばかりだが、一向に飽きない。

ママチャリに乗っていたときは、年に数回はパンクした。町に自転車屋が少なくなり、遠くまで押したものだ。タイヤが擦り切れ、交換もした。

ところがいま乗っている自転車は、一回もパンクしたことがないし、タイヤ交換もしていない。安物なのに、頑丈で優秀なのだ。

以前は奥の細道自転車紀行なんてことも考えたことはあるが、もう遠乗りに出かけることはなさそうだ。

ＮＨＫのＢＳプレミアムに「自転車旅　ユーロヴェロ９０００キロ」という不定期の番組がある。日本人の青年がヨーロッパの「ユーロヴェロ」と呼ばれるサイクリングロードを自転車で走るという番組だ。

わたしがまだ二十歳前後だったら、その番組を見て「ああ、いいな」と、個人的に計画を立てたかもしれない。イタリアのフィレンツェからチェコのプラハまでなんて、最高ではないか。

だが、現実は苦《にが》い。時は呼べど戻らない。

定年退職後にヨーロッパを走った人はいる。日本全国を走っているおじさんや、なかには果敢にツール・ド・おきなわなどに挑むおじさんもいるかもしれない。

しかしわたしが走るなら、やはり「ユーロヴェロ」に憧れる。

自転車の自由ということなら、「ユーロヴェロ」も近所も変わりはしないと、強引にいいそうになるが、もちろんちがう。当然じゃないか。

近所の空は小さいが、「ユーロヴェロ」の空はどこまでも果てしもなく広がっているのだ。まあわたしはテレビ番組で我慢することにしよう。

さあ土日の自転車日は終わった。今日からは歩き日だ。

歩き（ウォーキングともいうが）は、自転車よりも自由である。駐輪をしなくていいから。これが意外に楽なのだ。

自転車だと、車ほどではないが、それでも駐輪する場所を探すめんどうがある。探しても、満車ということがある。歩行者の邪魔にならないようにしないといけない。

歩きはその心配がないのだ。たったそれだけで随分と気が楽なのだ。ああ、こっちを歩けばいいのだ、と通行も、より自由である。

しかしわたしの場合、健康向上を意識した歩き（血圧対策とダイエット）だから、ぶらぶらするわけにはいかない。いまでも基本的には、多少の早足で八千歩でいいと思っているが、それでも時々の気分や調子によって、一万歩を軽く超えることがある。

時間も通しで五時間ぐらい歩くことはザラである。歩数は六千歩のときもある。厳密ではない。こんなことは大体でいいのだ。それがストレスになっては元も子もない。

だから、ブラブラ歩きの散歩に比べるなら、早足歩きは自由ではない。しかし健康優先の現在ではそれはしかたがないと考えている。

わたしがいつか散歩するときは来るのか。まだ膝も大丈夫だ。早足もできる。歩く気力もある。嫌々やっているわけではない。

膝が大丈夫なうちは、まだ散歩はしないかもしれない。もし体重が恒常的に七〇キロ以下になったら、散歩に移行するかもしれない。

早朝の町の清々しさ、雨の日のよさに気づく

歳をとると、睡眠時間が減るよ、とよく聞いたものである。朝四時には起きちゃ

うんだ、もう眠れねえんだから、という人がいた。

ところがわたしは、そういう経験をしたことがない。毎日朝五時か六時頃に寝るからである。健康一番とかいっておきながら、この生活が一番健康に悪そうだが、もう十年以上の習慣になっているから、いまさら変えようがない。

朝になっても眠くないときは、そのまま自転車で近所のマクドナルドに行くことがある。いまだに行っている。真冬でも行く。真っ暗でも行く。

開店は朝六時。今日も一番乗りだ。

頼むのはソーセージエッグマフィンのセットかチキンクリスプのコンビのどちらかである。あとから三々五々、来る客のほとんどはじいさんだ。やはり朝早く目が覚めるのか。

早朝の町、早朝の店は清々しくていい。

とにかく車も人も少ないのがいい。

このような状態が、新型コロナで緊急事態宣言が出されたときの街中では現出したのである。

会社勤めをしていた頃は、雨は敵だった。通勤日は雨の音がしたら気分が滅入ったし（それでけっこう会社を休んだ）、休みの日に降っていたら最悪だった。

しかし、いまでは雨も雪も好きだ。そのなかをレインウエアを着て歩くのも、自転車で走るのも好きだ。風さえなければいい。

雪が降った日は、ひとり雪中行軍だと、「ボギー大佐」のマーチかなにかを口演奏しながら、積もった雪の上をワシワシ歩いた。一万歩でも平気だ。

雨や雪が好きになったのは、そのことによってわたしがなんの不利益もこうむらなくなったからであろう。

気持ちに余裕ができ、そのままの風情を愉しむことができるようになったのだ。これも老後の収穫のひとつである。

ただし風は、肌を撫でるそよ風までである。それ以上はいけない。

花鳥風月を解せるようになった

わたしが花鳥風月を解せるようになったかどうかは疑問である。

だがあきらかに、花を写真に撮るようになった。小さな花が好きである。かわいい花を見ると魅かれるのだ。花壇や人工的に作られたものは好きではない。ライトアップされた花畑も藤棚も好まない。

苔や、落ち葉や、緑のもみじにも魅かれる。

昔よりはたしかに自然が好きになったが、いささか口幅ったい。まだ公園的自然、庭園的自然の段階だからである。

月は、次項の保山耕一《ほざんこういち》氏の映像で月齢というものがあることを知った。花鳥風月になじむようになったのも、氏の映像の影響があるのかもしれない。

かれの映像は花も、すすきも、月も、山も、川も、虹も、紅葉も、雪も、雨も、水滴も、朝焼けも、夕焼けも、薄暮も、すべて美しい。

また定年退職後、わたしが奈良に行くようになり、寺社のまわりが自然に囲まれていたということもあったかもしれない。

飛火野も、春日大社の参道も、秋篠寺も、長岳寺も、あるいは大神《おおみわ》神社も山の辺の道も自然に包まれている。わたしはそれらの静寂が好きになったのだという気がする。

心が弱まっているのかもしれない。以前はそれほど「静か」ということにこだわりをもっていなかった。雨や雪が好きになったのも、「静けさ」ということと関係があるかもしれない。いまひたすら欲することは、静かな映像、静かな音楽、静かな日々である。

大晦日のＮＨＫの番組は、思いきって紅白歌合戦をやめて、もう何時間でも「ゆく年くる年」でいいと思う。若者や芸人に媚を売るのはいい加減にしなさい。

滅びの姿に美を見出すことの悲しみ

映像作家保山耕一氏については、『自分がおじいさんになるということ』その他で詳しく紹介しているので、ここでは簡単にふれるにとどめる。

保山耕一氏は今年六十歳。名うてのテレビカメラマンだったが、五十歳のとき、直腸がんに襲われ、仕事をすべて失った。排便障害などの後遺症と闘いながら、YouTubeに「奈良、時の雫」というシリーズ映像を発表しつづけ、現在一千回を超えている。

かれの作品に「ひまわりは泣かない　2022年晩夏」というものがある。ひまわり畑が映し出されるが、よく見るとひまわりの黄色い花弁が萎れている。

その姿を撮っている。保山氏は動画の中でこう説明した。

「なかには枯れてるひまわりなんかなんで撮んねんて、思う方も大勢いらっしゃると思いますが、枯れてるひまわりがほんとうに美しいなと思って撮ってるんです。息を呑むような枯れ具合といいますか、こういうふうに枯れていく植物を見て、それを美しいと受け入れる気持ちをもてたなら、自分も終わるときに、そういう自分をちゃんと受け入れて終われるような気がしました。たしかに咲いている美しい時期もあったわけですから、枯れていくことはマイナスではない、ほんとに2週間ベッドから出られず、撮影に行ったときに、今まで以上に、枯れている花が誇らしく、枯れているひまわりが美しく見えました」

残念なことに「ひまわりは泣かない　2022年晩夏」という動画は削除されたようで、保山氏のトークも聞かれない。

保山耕一氏は昨二〇二二年八月の上映会を行ったあと、体がだめになり二週間ほどベッドから起き上がれなかったという。それを押しての、ひまわりの撮影だったのである。保山氏はあきらかに、自分の死をひまわりに重ねている。

かれはまた、紅葉したもみじについてもこんなことをいっている。

通常、紅葉したもみじはきれいな五角形をしている。人はそんなもみじを一葉、本に挿んだりする。

だが保山氏は、地面に落ちて日が経ち、五角形が崩れて「土に還る寸前」のチリチリに丸まったもみじを「かわいい」といい、「きれいだ」(「こんなきれいかってんなあ」)というのである。

その死骸のようなもみじを、かれは映像に撮っている。以前はそんなもみじを見ても、そんなことは思いもしなかったという。

最近の保山氏は、ひなびたひまわりにしろ、枯れて丸まったもみじにしろ、滅びゆく姿に美を見出しているようである。

保山氏は、自分のひどくなる病気の具合や、昨春以来の生活の環境の変化に思うところがあって、考えに変化があったのだろうと思う。どんどん自分の死に、気持ちを追い詰めていっているように見える。

毎月第二日曜日に、奈良公園バスターミナルでやっている保山耕一氏の映像作品上映会が、昨年十二月は一週遅れて第三日曜日に延びた。

わたしが奈良に行った日がちょうどその日にあたったので、当日券を求めて会場に行ったのだが、満席ということで入れなかったのは残念だった。

韓国のテレビドラマの魅力を知った

このようなことを書いたあとに、いささか気が引ける話柄になる。

昨年の収穫は韓国映画を見るようになったことである。といっても社会派の映画や犯罪映画である。大げさにいうと、これらの映画に驚嘆させられたのだが、このことは『定年後に見たい映画130本』（平凡社新書、二〇二一）に詳しく書いた。

それ以後のことを書いておきたい。韓国のテレビドラマのことである。

ツタヤにある韓国の社会派映画や犯罪映画を大概見尽くしたあと、もう洋画にも邦画にも戻る気がしなくなり、さてどうしようかと思っていたとき、そうかまだテレビドラマがあったなと気づいた。

しかしこれも恋愛ものは除外である。「愛の不時着」というドラマが大人気となにかで知ったが、もちろんこんなものは見ない。大体Netflixに入っていない。

掛け値なし、といっては褒めすぎになるが、これなら十分合格という水準のおもしろいドラマを挙げてみる。

「リメンバー　～記憶の彼方へ～」、「胸部外科」、「グッド・ドクター」、「ミセン－未生－」、「ストーブリーグ」の五作品である。これらはわたしの採点では八〇点以上。「優」である。

次点は「ジャスティス　復讐という名の正義」、「ドクター探偵」、「ウォッチャー　不正捜査官たちの真実」、「クリミナル・マインド：KOREA」などがある。これらは若干おもしろみが落ちるが、それでも「良」である。

「優」の作品について一つひとつ解説はしないが、それぞれについて一言だけ。

「リメンバー」は、財閥のバカ息子が犯した殺人の罪をきせられた父親の息子が、弁護士になり冤罪を晴らそうとする。「胸部外科」は、有名大学卒の医者と地方大学出身の医者の確執を描く。「グッド・ドクター」は、発達障害の子が医者になり、活躍をする。

「ミセン」は、商社に入社した四人の新人たちの成長物語。「ストーブリーグ」は「リメンバー」でバカ息子を演じたナムグン・ミンが、弱小チームのプロ野球監督になり、驚異の手法でチームを立て直す物語。

細かいことをいえば、いずれも単純で幼稚な部分がある（韓国ドラマに限らない）。しかしそこを気にしなければ、どれもおもしろく見ごたえがある。脚本がいいのだ。

韓国ドラマの特徴は、国会議員と検察官の権力が絶大、弁護士の地位は高く、財閥の御曹司はクズばかり。金持ちと貧乏人の対比や、先輩後輩、年齢による上下関係の厳しさが描かれる。

また頻繁に焼きそばとカップ麺を食べ、カラオケに興じ、軽食店の「SUBWAY」は韓国ドラマ御用達。やたら「アニキ」という存在が出てくるのも独特。それぞれのドラマには、だいたい一人いいおじさんが出てくる。「リメンバー」のパク・ソンウン、「胸部外科」のオム・ギジュン、「ミセン」はイ・ソンミン。かれらがじつにいい味を出してるのだ。

もうひとつ、これも医療ドラマだが「浪漫ドクター　キム・サブ」という作品がある。これもよくできたドラマで「優」クラスである。主役のおじさん（キム・サブ役）はハン・ソッキュ。こちらはシーズン「2」がある。「2」の第32話のなかに、地方の古びた分院「トルダム病院」のヨ・ウニョン前院長が尊厳死を迎えるシーンがある。

医師とスタッフの全員から慕われ、敬われていた院長だ。

本書の第2章で、わたしは自分の死を想像してみた、と書いた。そして架空の死の状態を描いた。

だがその前院長のシーンを見ながら、おれにもそう遠くない将来、想像ではない、ほんとうの死が来るのだな、と思った。

ちょっと切ない。

第6章

敵を無くしてしまえば、無敵だ

ウソでもいいから

わたしは最終章になると、とくに意識しているわけではないのだが、いいことを書こうとして（これが意識してることになるのか？）、硬く、四角四面で、えてして深刻なことを書いてしまう傾向にある。

自分が不快なニュースは見ないとさんざん書いておきながら、この硬いだけでおもしろみのない内容が、読む人に不快感を与えているのではないかと危惧するのである。

それで毎回、そのことを反省する。そしてやはり、明るい、希望のある内容を提示して終わったほうがいいのだろうな、と考えたりする。

提示する、というのも偉そうだが、現に老後というと、だれもが「楽しさ」を強調するのである。

すでにふれたように出口治明氏は「人生、楽しまなければ損」という。池内紀《おさむ》氏は「老いを楽しむ」とか「楽しく老いる秘訣」という。かれの『すごいトシヨリBOOK』のサブタイトルは「トシをとると楽しみがふえる」である。

樋口恵子氏の本のタイトルは『90歳になっても、楽しく生きる』だ。弘兼憲史《ひろかねけんし》氏はもっと露骨に「人生は楽しんだもん勝ち」だといっている。なんて言い草だ。

と、わたしはやはりこのような「楽しむ教」的ないい方に反感をもつのだが、気持ちはわからないではない。

陰々滅々とした老後論を読みたいと思っている読者は、ひとりもいないとわかっているからである。

だからわたしは気弱になって、ほかの老後論とおなじように、「老後は楽しい」とウソでもいいからいったほうがいいのか、と思ったりするのである。

とはいうものの、人はウソでもいいから、希望のある、明るい、楽しい話を聞きたいのだろうか。

第1章でふれた牧師ミツコさんもまた、神の僕《しもべ》らしからぬ軽薄さでこういっている。ご本人はいいことをいっているつもりらしいのだが。

「(私は)いつも『楽しくないと人生じゃない』と考えています。これは夫がよく言っていた言葉で、私も何でも楽しもうという気持ちになりました。だから、仕事も楽しんでいます」(前掲書)

いや、驚いた。楽しくないと人生じゃないのか。

楽しいどころか、人生は苦しみでしかないという状態にある人々は、人類の半数以上いるのではないか。

あまりにも無神経な言葉である。

楽しい人はそれでいいから、黙って楽しんでいればいいのだ。ミツコさんもわざわざ公言することはない。

こんな楽しいことがあるよと、そんなことを一々列記されても、だれもうれしくはないだろう。

わたしも全然うれしくない。そんなことはどうでもいいのだ。

やっている人はだれにいわれるまでもなく、自由にやっているのである。興味のない人はほっといてくれと、なにもやっていないのである。

もうそれでいいのだ。

老人に希望などあるわけがないのだ。なんなのだ、希望って。楽しい老後、明るい老後、ってなんのことだ。そんなことだれがいいだしたのだ？

好きなことができればそれでいい。

しかし楽しいことができるか否かは、体の状態とお金の余裕と時間的余裕のほかに、もうひとつ条件がある。

やる気、である。ああ楽しそうだ、やってみたいな、というやる気（その気）である。

わたしにはその気がないのである。
やはりわたしは楽しさを求めていないない。

この世界は地獄

つらつら考えるに、この世界はやはり、ろくでもない世界である。

たしかに自分の身の回りだけを見てみれば、これまで大過なく――家族や縁者は甚大な災害にも事故にも事件にも巻き込まれることなく、世間並みに穏やかに暮らしてこられたといっていい。

いい友人や知人にも恵まれた。信じられないことだが、わたしも人並みに七十五歳まで生きることができた。ほとんど奇跡的なことだ。

しかしこの日本だけでなく、世界中の至る場所で、災害や事故は起き、戦争や殺戮や殺人が起きていることは事実だ。

しかし五十年以上もそんな狂った事態を見つづけていると、さすがに嫌になってくる。見ても（知っても）どうにもできることではなく、ただただ心が陰鬱になるだけだ。

人間の愚かさは個人にも向けられる。

若い妻と幼子を暴走老人の車で失った若い夫に、誹謗中傷する言葉を投げかける人間がいる。あるいは病気で苦しんでいる保山耕一氏に、おまえの病気は嘘だと中傷メールを送り付ける人間がいる。

どうしたらそういう愚劣な人間に育つことができるのか、まったく理解できない。だが、この世にはそういうことをする人間がすくなからずいるのだ。

人間はだれでも善悪の心を持っている、自分だけ聖人のような顔をするな、といわれるかもしれない。おまえは人間認識が甘いな、と。

だが、だれもがいざとなればやってしまうという悪も、その悪の質と程度による。単純に善と悪というだけでは、いささか大雑把すぎる。

わたしは信号無視などの小さな違法行為は平気だが、匿名に隠れて他人を中傷するといった汚いことは絶対にしない。わたしは絶対に人は殺さないとは断言できないが、強姦は絶対にしない。弱いもののいじめは絶対にしない。

「捜査でわたしがどんな行動を取ろうと、あなたをさらに傷つけたり、動揺させたりするつもりはありません。それはわたしが絶対にやらないことなの」（マイクル・コナリー／古沢嘉通訳『ダーク・アワーズ（上）』講談社文庫、二〇二二）

これは小説のなかの話だが、ロス市警ハリウッド分署のレネイ・バラード刑事が、レイプ被害を受けた女性にいった言葉だ。

そう、人には自分が「絶対にやらないこと」がある。そのように人に対して確言することができ、人からそのように確言されなければならない。

でなければ、人との関係で、どうして「信」というものが打ちたてられるだろうか。

五木寛之氏は『歎異抄』の「地獄は一定《いちじょう》すみかぞかし」という言葉にからめて

こういっている。
「私たちはすべて、一定、地獄の住人ではないだろうか。死や、病への不安。差別する自己と差別される痛み。怒りと嫉妬。どんなに経済的に恵まれ、どんなに健康に恵まれ、あるいは幸せに生きていたとしても、人にいえない悩みを抱えていない人などいないのではなかろうか」(『海外版　百寺巡礼　朝鮮半島』講談社文庫、二〇一一)

わたしもそう思う。

そしてこの「地獄」を作り出しているのは人間である。そんな人間の愚劣さにうんざりし、そういったニュースはできるだけ見ないようにしようと思った。

そして人間のいい部分だけを見、知り、できるだけそういう人との関係のなかで生きることにしようと考えた。社会から八割ほど降りた老いの身ともなれば、それがわりと可能だと思えたのである。いまでもそう考えている。

この愚劣で残酷で卑しい世界のなかに、なんと素晴らしき世界、というものもあるではないか。

老人でなくても、できるだけそういう関係のなかで生きるようにすれば、愚劣な関係を避けることができるだろう。

だがそういうふうに目を逸らしたところで、見たくない現実がなくなっているわけではない。あるものをないものにはできない。また、そういう事実から逃げているだけ、という後ろめたさがいつまでも付きまとうのである。

わたしはそういう自分自身の矛盾を解決できない。

世界が全体幸福にならないうちは……

二十歳頃、宮沢賢治の「世界がぜんたい幸福にならないうちは個人の幸福はあり得ない」(「農民芸術概論綱要」の「序論」)という文章を読み、なんだか知らないが感銘を受けた。当該箇所を抜粋してみる。

「おれたちはみな農民である　ずゐぶん忙がしく仕事もつらい／もっと明るく生き生きと生活をする道を見付けたい（略）世界がぜんたい幸福にならないうちは個人の幸福はあり得ない」（『宮沢賢治全集10』ちくま文庫、一九九五）

また遠大なことを考えたものだな、と感心した。わたしなんかが逆立ちしても、こういうことは思いつかない。

しかし感動しはしたが、残念ながらそれは無理だな、できない相談だと思った。「世界がぜんたい幸福」になることなど絶対にありえないから、「個人の幸福」はそれとは無関係に、別途打ち立てるしかない、と思ったのである。

だいたいなぜ、世界の全体の幸福と「個人の幸福」とが関係あるのか、と思った。関係ないではないか。

ところが最近、このように考えるようになったのである。

つまり「世界がぜんたい幸福」になることなど永遠にないのだから、「個人の幸福」というのも永遠にないのだ、と。つまり宮沢賢治は、個人の幸福など金輪際ありえない、と考えていたのではないか。

いや、個人の幸福はそんじょそこらにたくさんあるではないか、と現代の人はいうかもしれない。

SNSで「私たち結婚しました」とか「妊娠しました」と、報告する人や発表する人が後を絶たないではないか。「温かく見守ってください」と。やかましいわ、なんで見守らなければいかんのだ。「あんた、だれ?」という人までが、自分たちの幸福を発表しているのである。

そう、そういう幸福を感じている人は、世界の悲惨な事実の一切を見てはならない。ウクライナの現状やウイグルの虐待やさまざまな弾圧を見てはいけない。他人の不幸も見てはならない。

見れば、あなたは自分の幸福を後ろめたく思うかもしれないから。そうすれば、あなたの脆弱な「幸福」が毀損《きそん》されるかもしれないから。つまり、世界で不幸な目にあっている人たちが沢山いるのに、自分たちが幸福に浸っている場合ではないのではないか、と思うかもしれないから。

いや、それとももしかしたら逆に、不幸な人を見て一層自分たちの幸福を実感するのだろうか。もしそうだとしたら、それはとんでもない幸福だとわたしは思うが、しかしかれらを否定する資格はわたしにはない。

しあわせな人はしあわせでいい。世界の悲惨な現実を見なくてもいいと思う。けれど、わたしは自分の幸せを願うことができない。ただ生きるだけだ。わたしはいまでは「世界がぜんたい幸福にならないうちは個人の幸福はあり得ない」のほうに、親近感を覚える。

つまり「しあわせ」や「幸福」を自分のなかから排除する。

自我を潰すことはできるのか

自分の最大の敵は、究極的には自分自身である。すなわち自分の欲望を溜めこみ拡大したがる自我である。それゆえに、自我とは最後の敵でもある。

わたしは、自我は諸悪の根源だと考えてきた。

ウクライナに侵略して無辜《むこ》の国民や兵士を殺して平然としているプーチンも、周辺諸国や諸民族を弾圧・支配し、盗人猛々しくなおも恫喝している習近平も、敵対してくる国は焦土にしてやるぞとうそぶく、北朝鮮で唯一自分の家族だけ丸々と太っている金正恩も、また自分の思い通りにしたいと欲望を全開にして罪を犯す個人も、自我に支配されているのである。

この欲望のかたまりである自我を減ずることはできるのか。

無我というが、自我を無くすことはたぶんできない。ならば、小さくできるか。

道元は『正法眼蔵《しょうぼうげんぞう》㈠』のなかの「現成公案《げんじょうこうあん》」で、こういっている。


仏道をならふといふは、自己をならふ也。自己をならふといふは、自己をわするるなり。自己をわするるといふは、万法《ばんぽう》に証せらるるなり。万法に証せらるるといふは、自己の身心《しんじん》および他己《たこ》の身心をして脱落せしむるなり。悟迹《ごせき》の休歇《きゅうかつ》なるあり、休歇なる悟迹を長長出《ちょうちょうしゅつ》ならしむ。

（全訳注 増谷文雄『正法眼蔵㈠』（講談社学術文庫、二〇〇四）

ね、やはりこういう硬い話になってしまった。申し訳ないことである。興味のない方は飛ばしてください。

増谷文雄の現代語訳はこうである。

「仏道をならうとは、自己をならうことである。自己をならうとは、自己を忘れることである。自己を忘れるとは、よろずのことどもに教えられることである。よろずのことどもに教えられるとは、自己の身心をも他己の身心をも脱ぎ捨てることである。悟りにいたったならば、そこでしばらく休むもよい。だが、やがてまたそこを大きく脱け出てゆかねばならない」

あまりわかりやすくなっていないのが困るが（たとえば「ならふ」という意味

をもっと砕いてくれないと)、ともあれ、いかにも深いことがいわれているような気がするではないか。

つまるところ、自己を学ぶということは、自我を捨て去ることだ、と解釈していいのか。

だけど、わたしのほんとうの気持ちをいえば、わかったようなわからんような話である。

多くの人が道元の文章をさまざまに解釈しているだろうが、かれらはほんとうにわかっているのだろうか。わしはこれをこう解釈するがどうだ、じゃなくて、道元のこの文言を身をもって生きた人はいるのか。

そもそもこの道元の言葉はほんとうなのか。道元はほんとうに悟ったのか。悟ったのち、しばらく休み、そこからさらに自我を徹底的に脱ぎ捨てたというのか。

茶化してすまないが、なんのこっちゃ？

ここで、第4章でみた永平寺の、叩かれ蹴られる雲水の修行に繋げてみる。

なぜ先輩雲水たちは、新参雲水たちを罵倒し叩き蹴るのか。

入山するまで俗世間で、おれがおれがの欲望まみれ、屁理屈のいいたい放題だった自我を叩きなおす――「我見《がけん》を捨て」させる――というのである。

すなわち「その自己に縛られている人間を罵詈打擲《ばりちょうちゃく》し、徹底的に打ち砕くのである。その人間が引きずってきた学歴や地位、名誉、財産、そして人格までも、何もかもを一度ズタズタに引き裂き、堕ちるところまで落とし、そうすることによって、すべてを捨てさせるのである」（野々村馨前掲書）。

一見もっともらしい釈明である。

だから野々村氏は、これはただの「暴力」ではないという。その底にある「目的」を見極めれば、「体から体へ、心から心へと、その真理を脈々と伝えるための一つの修練であり、錬磨である」と、理解を示しているのだ。

わたしはこれに同意しない。

これでは幼児虐待をしておきながら、「しつけだった」とうそぶく親たちとおなじである。あるいは、高校大学の体育部のいじめ体質や、もっといえば旧帝国陸海軍が日常的に行った嗜虐的暴力とおなじである。

それに先輩雲水といっても、せいぜい三十歳前後の男ではないか。いくら修行を重ねているとはいえ、ただの若僧だ。いや四十、五十でもおなじだが、かれらに高邁な教育的意識などあるわけがないのだ。

野々村氏は道元の教義や永平寺の伝統を尊重している。しかし尊重するあまり、それを教える人間（先輩雲水）の暴力行為を理解しすぎているのである。

ほんとうは全部ウソじゃないのか

暴力で他人の心身を徹底的に痛めつける。そんなことで人間の自我は潰れない。やられたほうは、煮えたぎる恨みを心に溜めこむか、生ける屍になるか、であろう。「無我」など夢のまた夢であるほかない。

わたしには素朴な疑念がある。六十歳を過ぎた頃からその疑念が強くなった。つまり、仏教でいう「悟り」とはウソじゃないのか。

比叡山で千日回峰行と並ぶ荒行といわれるものに、十二年籠山行というものがある。

それを満行した宮本祖豊《そほう》という人がいる。氏は、十二年籠山行をするために、まず五年間の修行をして住職の肩書を得て、その後予備段階としての好相行《こうそうぎょう》というものを行わなければならなかった(宮本祖豊『覚悟の力』致知出版社、二〇一四)。

好相行というのは、阿弥陀様の姿が立ち現れるのを実際に見る修行である。ところがこれがすさまじかった。想像するだけで気絶しそうになるほどだ。

修行の方法はこうである。

焼香し、献花し、鐘を二つ鳴らす。仏の名前を唱えながら正座し、掌を上に向けた両手と額を床につけて礼拝し、立ち上がる。

この五体投地を一日に最低三千回行うのである。約十五時間かかる。それを三か月、十五万回ほどつづける。

するとそのあたりで、ふつうの修行者にとっては「仏様が立つ」といわれる。そこで仏様が立ったら（心の目で仏様が見えたら）満行である。とても人間業とは思えないのだ。

ところが宮本師の場合、三か月経っても仏様が現れない。しかし中断は許されず、見えるまでやる。それでも九か月経っても見えず、やむなく中断させられた。二度目もやったが、またしても九か月経っても見えなかった（見えなかった、というのがいい。いかにも正直でほんとうらしい）。ほとんど「死ぬ寸前」までいったという。今回も中断させられた。

そして三度目の行が許された。「すると、今度は一か月ほどで目の前に仏様が立ちました。ついに感得に到ったのです」

そのときの仏様の姿は「ちゃんと三次元の立体で、色彩のある光り輝く生きた姿でなければ本物ではない」といわれている。

この現象をわたしはウソだとは思わない。

というのも、わたしはこんな荒行を一日もしたことがないからである。ただ宮本師は、自分が見たのは「幻覚」だったかもしれない、と正直に書いておられる。わたしもそうではないか、と思う。

けれど、一日十五時間、最低三千回の五体投地を、三か月十五万回ほど行ったあとに（宮本師の場合は、なんと通算十九か月）、いったい人間はどうなるのか。やったものでないと絶対にわからない。

わたしが、やはりそうか、と関心をひかれるのはこういうところだ。

「ひたすら礼拝を続けていると、そのうちに自分の我が少しずつ潰れていきます。それが好相行の目的でもあります」

あるいは——

「なぜ立ったり座ったりと、わざわざ疲れるような行をするかというと、人間は思考能力が働いている間は我が残るからです。寝ないでいると頭に血が巡らなくなるので思考能力が止まります。すると心が少しずつ我が潰れていって、やがて真っ白になり、無我の境地に近づくのです」

ふう。言葉が出ない。「少しずつ我が潰れていい」くとはすさまじいことである。

わたしは宮本師のした体験を尊重する。しかしそれでも、その苦行をつづけると「無我の境地に近づく」というのはちょっと信じがたい。

それに、人間の限界を超えるような修行をしなければ救われない（浄土に行けない）ということを否定したのが親鸞ではないか。

親鸞がいったことは「わがはからいにあらず」である。つまり自分の思い通りにしたいという思いを戒めたのである。

もう自我はいい。潰れなくていい。七十五歳になって考えることじゃない。

そうでなくて、つまらないことで、できるだけ自我が作動しないようにする。

すなわち、つまらないことを評価しない、つまらないことに感動しない、つまらないことに驚かない。

虚仮おどしに驚かない

わたしは元々物欲がすくないから、ブランド物や高級車や高級時計などには興味がない。わたしの価値観にとってはまったく大したものではないのだから。

ほかにも、世間ではすごい物、すごい事、あるいはすごい人として流通し定着していることにも、大したものじゃない、と思うことがある。

たとえばこのようなことだ。

鳥取県の県立美術館が二〇二五年開館予定の目玉にアンディ・ウォーホルの「ブリロの箱」という作品を約三億円で購入した。それに対して県民から「税金の無駄遣い」「作品の意味がわからない」といった声が噴出したという。

わたしは大いに県民に賛成である。

神戸大学の教授は「『ブリロの箱』は現代美術の一つの転換点になった象徴的な作品であり、20世紀美術の古典にもなっている教科書的な作品」とその価値を評価している（『毎日新聞』二〇二三・二・八、夕刊二面）。

新聞記事もアンディ・ウォーホルを「大量生産・大量消費の現代社会をアートで表現し、20世紀美術の新たな地平を切り開いた」と解説。

これらのよくある定型的な評価と解説はほんとうなのか？ だれもこれらの評価の正否をいうことができない。しかしわたしには尤もらしい言葉を連ねた無内容な作文にしか見えない。「一つの転換点になった象徴的な作品」とか「新たな地平を切り開いた」というのは、どういうことだね？ 三億円という額は現在の美術品相場としてはけっして高くはない。しかし作品の値段としてはばかげてはいないか。

美術品に何億、何十億円という値段をつける。狂気の沙汰である。

美術品に無法な高額をつけるのは、世界中の資産家から金を巻き上げるために、欧米の美術商やオークション会社や美術評論家たちが結託して作り上げたフィクションのシステムではないのか。

またこれもおなじことだ。ストラディバリウスのバイオリンはときに十億円の値がつくというが、なぜそんなに高額なのか。

NHKの「チコちゃん」がその理由をいっていたが、ストラディバリウスは「現代では再現不可能だから」というのである。うん、それならそうでいい。音色もちがうらしいし。

しかしそれは「十億円の値」の説明になっていない。その証拠に現代日本人の職人が作ったバイオリンと聞き比べをしたとき、ほとんど差がなかったのである。そしてその日本人のバイオリンの値段が二五〇万円だという。

だとすればやはりストラディバリウスの十億円という値段は途方もない値段ではないか。なぜ一千万円でも一億円でもなく、十億円なのか。根拠がないのだ。

宝石もおなじ。スポーツ選手の高額な移籍金や年俸もおなじ。世界の富豪もおなじ。イーロン・マスクの資産が二十五兆円だという。じつにスウェーデンの国家予算の二倍。べらぼうである。無意味だ。

世界新記録、アカデミー賞、グラミー賞、芥川賞、直木賞なども、わたしにとってはあまり大きい価値のものではない。これら高額の美術品や無茶苦茶な資産、大小の賞や記録はすべて、それぞれ関係者が結託して、ある受益価値システムを作った結果である。人々はそれに幻惑され、畏れ入るようになったのだ。

わたしのこんな考えは、世界にとってはまったく無意味である。もちろんそれでいい。わたしひとりがそう思っていればいいだけのことである。

ぴかぴか光る飾り物や虚しい雑音

アレン・エスケンスの『償いの雪が降る』とその続編である『過ちの雨が止む』（いずれも創元推理文庫）が抒情あふれていておもしろかった。

十八歳になる自閉症の弟の面倒を見ながら、大学に通う二十一歳のジョー・タルバートは、ひょんなことからある事件にかかわり、見事に解決をする。おとなしいたたずまいの弟のジェレミーがいい。

しかし兄弟の母親はアルコール依存症で、ジョーを苦しめる。ジョーはいま日本でも問題になっているヤングケアラーだ。

やがて、大学を卒業し二十七歳になったジョーは、AP通信の記者になる。ある事件の途中で、小さな事務所の老弁護士ボブと知り合いになる。

ボブは高校時代にセアラと付き合っていた。だが広い世界を見たいボブはセアラと別れ、世界を放浪する。「実際、すばらしい場所をいくつも見たよ」

子どもの頃から弟の世話に縛られているジョーは、そんなボブを羨ましく思う。

「僕は飛行機に乗ったことすらないんですよ」

ボブはしかし満ち足りた日々を送っていたわけではなかった。「新しいベッドで目覚めるたび」に感じたことは、「虚しさだった。水がどれほど青かろうと、雪がどれほど白かろうと同じなんだ。いつも何かが足りないんだよ」。

そしてこれまでに自分が幸せなときがあったかと考えたとき、セアラのことを思い出したのだ。セアラは離婚していた。ボブはまだ独身だった。

しかし夢見るジョーは、なおもこういう。

「でも、あなたはすごい経験をしたわけでしょう」僕は言った。「そのことにはそれなりの意味があるはずですよ」

ボブは奥さんに目をやった。（略）「最終的に、意味があることはひとつだけなんだよ、ジョー。それ以外は何もかも、ぴかぴか光る飾り物や虚しい雑音にすぎない」

（アレン・エスケンス／務台夏子訳『過ちの雨が止む』創元推理文庫、二〇二二）

華麗な世界や未知の世界の誘惑は魅力的で、人を惹きつける。豪邸や高級自動車や宝石や高価な服飾や食事や豪華列車の旅などに、人は憧れる。

しかしボブは、人生で究極的に大切なものは、ひとりの「セアラ」だというのである。それ以外のものはどんなに輝いて見えようとも、所詮「ぴかぴか光る飾り物や虚しい雑音」にすぎないと断言するのだ。

歳をとらないとわからないことが、やはりある。若くて賢いジョー・タルバートではあるが、かれにはまだ届かない話かもしれない。

なるようになる

嫌だといっても、信じられないと思っても、なりゆくものが、老年である。

人間は意志する。それだけが人間ができる唯一のことである。

なにかを獲得するために、またなにかができるようになるために。つまり、自分が思うことが実現できるように、である。

目標や目的はさまざまだ。しかしそれが大きいことであれ、小さいことであれ、そのほとんどはスキルに関することだ。

自転車に乗れるようになること、平泳ぎができるようになること、キャッチボールができるようになること、模型を作れるようになること、トラップができるようになること、英語がしゃべれるようになること……無数にある。

しかし目標がなんであろうと、あるいはその目標に大中小があろうと、人間がそのためにやれることはひとつである。

数千回、数万回のうんざりするほどの練習だ。

あるいは物事によっては、慣れだ。

人が努力できるのはせいぜいひとつのことか、いくつかのことである。多くはひとつのことである。それでいい。

人生全般に努力することなどできない。

しかし、思い通りのことができるようになるかどうかは、神のみぞ知るである。

どれだけ努力したかにかかわらない。

　努力した一部のことが人生に大きく効くことがある。しかし多くのものは、努力を途中で放棄する。完遂された努力の多くのものも、無のなかに埋没する。

　人生全般は努力や意志だけでは動かない。

　結局、なるようにしかならない。そして、なるようにはなる。

　それでも努力は無駄ではない。最後まで努力はするのだ。そうでなければ、なるものもならないのである。

　伝説の狙撃手のボブ・リー・スワガーも、本のなかではついに七十四歳から七十五歳になった。老境である。

　スワガーは努力や意志の先、人事を尽くしたその先は、運命にゆだねるしかないと考えている。

「(……)そのとき自分に、最終的には〝なるようになる《ケセラセラ》〟だと言い聞かせた。

それがわれわれすべての運命を定める。ものごとは、人間としてのさまざまな権利や正義や適切さなどにはなんの影響も受けず、なるようにしかならないということだ」（スティーヴン・ハンター／公手成幸訳『囚われのスナイパー（下）』扶桑社ミステリー、二〇二二）

スワガーは最後の最後まで意志を立てつづけ、努力する人間だ。それでもその先のことは、なるようになるしかない、運命に委ねるしかないというのだ。

それは天命といってもいいかもしれない。

もう一度、宮崎市定のいうことを聞いてみよう。「どんなに人事を尽しても何か不可知の理由で思う通りに事が運ばぬことがある。それが天命、天の作用であった。されぼと言って努力をやめるわけに行かぬ」この「成敗を度外視しての奮闘が、孔子の最後に到達した覚悟」（前掲書）である、と宮崎はいっている。

スワガーの居間にはロッキングチェアや、ナヴァホ族が作った陶器や工芸品の家具、絵画などがある。しかし「テレビはない。端末もない。現代的なものはなにもなかった。現代にはあまり関心がないのだ」。

わたしはスワガーのこういうところが好きなのだが、そんなことはいい。運命は個人の運命にかぎらない。

世界もまたなるようになる。歴史はその証明である。すべて、なるようになった結果が書かれている。

どんなに苦しく悲惨な事態もいつかは終わる。それは救いなのか。終わらない悲惨、よりはまだいいと思う。しかしどんな楽しいこともいつか、かならず終わる。どんな幸せも終わる。それが終わることは悲しい。

ならないものはならない

時の流れを感じるのは、自分を見るよりも、人の人生を見るときだ。

テレビドラマの「北の国から」で可愛らしい純を演じた吉岡秀隆が、いまや白髪のおじさんである。それだけの時間が流れたのである。

おなじ時代を歩んできた同年代の人たちが亡くなる。

敬愛した先代の人たちも亡くなっていく。

人が死ぬってのは、ほんとうなんだな、と思う。

そのことを痛切に感じたのは、わたしの母親が死んだときである。「母ちゃんもほんとうに死ぬんだ」と。

すべては終わりゆく。

ひとごとではない。いずれ自分の番が間違いなく回ってくるが、それがいつになるか当然わからない。

わたしたちはいままで、なんでも「頑張ります」で生きてきた。死ぬことはただひとつ、頑張らなくてもいいものだ。死なないうちは死なない。死ぬときは頑張らないでいいから、楽だ。死ぬ準備をしなくてもいい。

それにしても、わたしたちはなんという世界を生きてきたのだろう。

わたしが政治家で一番最初に覚えたのはケネディだ。それと対で覚えているのはフルシチョフである。

日本で覚えているのは佐藤栄作か。あるいは浅沼稲次郎だったか。中国では毛沢東に周恩来、ベトナムではホー・チ・ミン。頭に焼き付いてるのはグエン・カオ・キだ。

それ以後、およそ四、五十年。ほぼ半世紀が経った。

各国の指導者はさまざまに変わった。その間、国内でも多くの災害や事故や事件があった。国際的にも多くの戦争や紛争や戦闘があった。

そして現在、世界の陣容は御覧のとおりである。米はトランプが去ってバイデン大統領、英はジョンソンが去ってスナク首相、独はメルケルが去ってショルツ首相、仏はオランドが去ってマクロン大統領、日本は菅義偉《すがよしひで》首相のあと岸田文雄首相。

だが中国は習近平国家主席が、ロシアはプーチン大統領が最高指導者の席に居座りつづけている。仲間は金と地位で集め、敵対勢力は暴力で徹底的に押さえつけるという後進的統治形態がまだ生きているのだ。

それで世界はよくなったのか。どう考えても、よくなったとはいえない気がする。これからもよくなりそうな気がしない。

テレビドラマ「JIN―仁―」の第七話。武田鉄矢演じる緒方洪庵が労咳にかかり余命いくばくもない。その洪庵が、現代から江戸にタイムスリップした南方《みなかた》仁《じん》にいう。

「私は医の道は平らな世に通じると思うてます。武士や百姓やと人に勝手に身分の上下つけとる世の中ではございますが、腹割れば同じもんが入ってます。天の下に人皆等しきなり。(略)未来は……平らな世でございますか?」

南方は答えることができない。最後に、洪庵に受けた御恩にどう報いればよいでしょうか、と問う。

洪庵がいう。

「よりよき未来をおつくりください。皆が楽しゅう笑い合う平らな世をおつくりください。国のため、道のため」

武田鉄矢はあまり好きではないのだが、このドラマの武田鉄矢はいい。

残念ながら、まったく「平らな世」になっていない。人間が生きている限り、「皆が楽しゅう笑い合う平らな世」は絶対に実現しないのだろう。

あと三〇年も経てば、現在七十歳以上の人間のほとんどは死んでしまう。

それなのに、国を指揮する資格のない世界の愚者たちは、なにをやっているのだろう。

あと一〇〇年も経てば、現存する人類の九八パーセントは死ぬであろう。人生一〇〇年もへちまもないのだ。

なるものはなる。ならないものはならない。

こうしてすべてが終わっていく。

多少問題はあるが、このままでいきましょう

二か月に一回、市内の脳外科に行く。血液さらさらの薬と降圧剤をもらうのが主である。先日、四年ぶりにMRIを撮った。同時に首筋のエコー検査をした。二〇一八年に脳梗塞になったときに、はじめてMRIというものを経験した。耳元でガンガンドンドンやられ、そのときはたしか四〇分くらいかかったのではないか。それが今回はわずか一〇分ほどで済んだ。

エコー検査は、それまでに腹部あたりの検査は二、三回やったことがあるが、首筋ははじめてである。そうか、首筋には脳に繋がる太い血管が走ってるから、そいつを調べるのだな。

それが終わると、血管年齢を測りましょうと女医さんからいわれた。おお、テレビでよく見るあれか。

「わあ、まだ三十代だってよ」「すごいですねえ、○○さん」「あれ、実年齢以上だ」とかなんとか、タレントや芸能人たちが威張ったり落ち込んだりして、どっちにしろ盛り上がるあの検査だ。

わたしも、さぞや女医さんが「わあ、三十代ですよ！」と驚くだろうなと思った。あほである。こういうくだらぬことに自我が作動してしまう。

よく薬局にある簡易検査キットではなく、両足首、両手首四か所にベルトが巻かれ、本格的である。

測定が終わったが、女医さんはなにもいわない。やはりこういうときは、だれとでもため口を利く若い看護師じゃないとだめだな。

ところが検査後、通常診察を受けている担当医に呼ばれ、MRIとエコーの結果の説明を受けた。同時に血管年齢の結果が印字された紙を示された。わはは、血管検査の結果は「七十代後半に相当」とあったのである。どこが三十代か。そのまんまだったのである。

担当の先生はそのとき、脳のこのへんは血流が悪いようだし、血管にもすこし動脈硬化が見られますが、新たに脳梗塞になりそうなところはないので、いまのまま、きちんと薬を飲み、このままいきましょうといわれた。

その担当医は、あっさりした先生である。そのときだけでなく、二か月に一回の診察のときも簡単に、その後どうですか？　血圧はどうですか？　なにか気になることはありますか？　と訊く。

あっさりでは人後に落ちないわたしも簡単に、順調だと思います、と答えると、先生は、ああいいですね、じゃこのままいきましょう、というのだった。

「このままいきましょう」。この言葉を聞くと、こころが和やかになるのだった。

おわりに

歳をとって好きになったものに、本文では書き忘れたが、絵葉書がある。

いまは大好きになったが、若い頃は一枚も買ったことがなかった。

あのなんというのか、手でぐるぐる回せる四角柱らしき骨組みのものの四面にたくさん差されていた絵葉書を、観光地の売店あたりで見かけたものである。

こんなものだれが買うんだろうと、むしろ反感をもっていたくらいである。いかにも観光写真という人工的な感じが、好きではなかったのだ。

それが定年退職後、奈良に行くようになってから、お寺さんで絵葉書を見るようになったのである。

以前は「絵ハガキみたい」というと、ちょっと小ばかにした響きがあったものだ。

しかしいまでは、それが好ましい。さすがプロが撮ったものだけあって、虚心に見れば素晴らしいものばかりである。

お寺さんだけではない。そんなにあちこち行くタイプではないのだが、お寺さん以外にも、神社や城や美術館に行ったときは、必ず買う。

いまや絵葉書を買うことが愉しみにさえなっているのだ。

それからは暑中見舞いや返礼のために、絵葉書を人に送ることが多くなった。

安価なところもいい。

だいたいは一〇枚一組で五〇〇円とかのセットになっていることが多いのだが、絵画展などでは一枚一〇〇円程度のばら売りが多い。

セットでも買うし、気に入った写真がない場合でも、少なくとも二、三枚は買う。あまりにも多すぎるときは困る。安価ではすまなくなるからだ。

自分の記念用と、知人に出すものと、おなじものを二枚買うことも多い。どれがいいかなと、探すのも愉しいのだ。

あともうひとつは、これからしたいと思っていることである。

これからというより、もう一〇年以上前から、そういう気持ちは持っていたのだが、絵を描きたいと思っている。

だったらさっさと始めればいいのに、これがなかなかそうはいかないのだ。

もちろん油絵といった本格的なものじゃない。

ペン画のイラストみたいなものである。

絵を描くのは子どもの頃から好きだった。まあ漫画みたいなものだが。

しかし描いてみたいのは、ただの手慰みでも暇つぶしでもなくて、スケッチ帖に小さいものでいいからちょっとまじめに描いてみたいと思う。

わたしは安野光雅や風間完の絵が好きで、画集を見たり、風間の『エンピツ画のすすめ』を買ったりしていた。池波正太郎の『夜明けのブランデー』を見て、池波の絵のうまさにも舌を巻いたものである。

とてもそんな絵が描けるとは思っていないし、描けるものでもない。

描いてどうしようというものでもない。ただ描いている時間は、無心で愉しそうだという気がするのである。

一〇年以上前からそう思って、いまだにやってないということは、今後もやらないということだな。と思わないでもない。

が、こんな小さなこと、やらない理由もないのだ。

スケッチ帖とペンと黒インクがあればいいだけである。

あとはやはり「その気」だけか。


以上はわたしの愉しいことの一端である。

なんと小さな愉しみかと思うが、わたしはこれでいいのだ。

いやあ、それにしてもお年寄り多いですねえ。

いま日本全国のお年寄りは、七十歳以上が二八七〇万人もいるのである。

七十五歳以上でも一九三七万人、ほぼ二〇〇〇万人いるのだ。

その二〇〇〇万人のなかで自分だけは特別だ、と思いがちになるのはしかたがない。しかしそれは自分にとってだけで、他の人にとっては無にすぎない。

こんなにお年寄りがいるなかで、たったひとりの年寄りがなにを愉しみに生きているかなんて、どうでもいいことである。

みんな勝手に生きているのである。

そう考えると、なにかしらホッとするではないか。

最後に、本書の企画を考えていただいたのは大和書房の出来幸介氏である。記してお礼を申しあげる。

二〇二三年（令和五年）二月

勢古浩爾

勢古《せこ》 浩爾《こうじ》

1947年大分県生まれ。明治大学政治経済学部卒。洋書輸入会社に34年間勤務し、2006年退職、以降は執筆活動に専念する。著書に『まれに見るバカ』(洋泉社)、『最後の吉本隆明』(筑摩書房)、『人生の正解』(幻冬舎)、『定年バカ』(SBクリエイティブ)など。近著に『自分がおじいさんになるということ』(草思社)、『ただ生きる』(夕日書房)などがある。

無敵《むてき》の老後《ろうご》

2023年 4 月 20 日　第 1 刷発行

著　者　　勢古浩爾《せここうじ》
発行者　　佐藤　靖
発行所　　大和《だいわ》書房
　　　　　東京都文京区関口1-33-4
　　　　　電話　03-3203-4511

装幀　bookwall
本文デザイン　二ノ宮匡
校正　鷗来堂
編集　出来幸介
本文印刷所　厚徳社
カバー印刷所　歩プロセス
製本所　小泉製本

ISBN978-4-479-01230-6

http://www.daiwashobo.co.jp